KB121975

소심한 김대리
직딩일기

소심한 김대리 직딩일기

제1판 제1쇄 발행일 2007년 2월 20일
　　　제2쇄 발행일 2008년 10월 30일

글쓴이 · 김준
그린이 · 홍윤표

기　획 · 책도둑 (김민호, 박정훈, 양승완)
인　쇄 · 갑우문화사
발행인 · 김은지
발행처 · 철수와영희
등록번호 · 제319-2005-42호
주　소 · 서울시 구로구 구로6동 98-16 현대오피스텔 705호
전　화 · (02)861-0815
팩　스 · (02)6091-0815
전자우편 · chulsu815@hanmail.net

ⓒ 김준, 홍윤표 2007

ISBN　978-89-958338-2-7　03320

소심한 김대리
직딩일기

김준 글 · 홍윤표 그림

 철수와영희

넥타이는 매어졌다

계속되는 야근에 몸도 마음도 물에 젖은 휴지처럼 축 쳐져 있던 어느 밤의 퇴근길, 갑자기 신문사에 다니는 대학 선배가 생각나 전화를 걸어 고단한 세상살이를 늘어놓기 시작했습니다. 고달픈 직장 생활은 이상하게도 마음을 무장 해제시키며 누군가에게 자꾸만 무엇인가를 털어놓게 만듭니다.

어느 날, 선배에게서 전화가 왔습니다. "그러지 말고 신문에 글을 써 보렴." 글쓰기에 대한 정규교육을 받은 적도 없고 전공 또한 글쓰기와는 거리가 멀며, 지금 하고 있는 일조차 아무리 억지를 써 봐도 문학적 감수성과는 도대체 상관이 없지만 저는 문득 '해 보겠다'고 말해 버렸습니다. 심장 속에 한 겹 두 겹 쌓여가던 스트레스를 어딘가에 털어놓지 않으면 당장 제가 죽을 것 같았습니다. AM7의 〈김대리의 직딩일기〉는 그렇게 시작된 하소연들입니다.

미리 말씀드리자면, 이 책은 서점에 널려 있는 허다한 석세스 스토리가 아니며, 또한 성공한 직장인의 자신감 넘치는 처세서도 아닙니다. 오히려 평범하기 짝이 없는 직장인이 날마다 겪는 좌절의 연대기이며 처세에 실패한 월급쟁이의 무거운 한숨입니다. 혹은 당신 옆자리에 앉아 있는 동료가 아무도 없는 사무실에 남아 중얼거리는 슬픈 혼잣말입니다.

부족한 글재주로 매주 연재되는 '직딩일기'를 쓰느라 주말이면 사생활을 포기하고 머리를 싸매야 했지만, 그 시간이 저에게는 가장 즐겁고 행복한 시간이었습니다. 글을 쓸 때면 문득 저에게도 혈기 왕성한, 할 말 다하고 살던 직장 생활 전의 내 모습을 떠올리며 낯설어지곤 했습니다. 참 착한 꿈을 꾸고 살며 세상에 대한 기대를 숨길 수 없었던 시절의 친구들. 지금은 친구들 모두 전국으로 흩어져서 예전처럼 한자리에 모

이기 힘들어졌고, 삶을 택한 친구들은 돈에 쪼들리고 있으며 돈을 택한 친구들은 삶에 찌들려 있습니다. 이 일기들은 제 친구들에게 보내는 편지일지도 모릅니다. 직장인답게, 친구에게 말하듯, 멋 부리지 않고, 최소한 진심으로 쓴 글들입니다.

극단적인 상승 욕구가 지배하는 자본주의의 경쟁 시스템 안에서 제가 느끼는 불안과 공포가 여느 직장인들과 크게 다르지 않을 것이라는 생각에 스스로도 믿지 못하는 대책 없는 희망을 이야기하기 보다는 최대한 신경질적으로, 최대한 솔직하게 쓰려고 애썼습니다. 그리하여 남들처럼 사는 게 사실은 제일 어려운 일이며, '남들도 다 나처럼 산다' 라는 공감을 통해 작게나마 직장인들끼리 정서적 연대가 이루어지기를 바랍니다.

사람은 누구도, 자신이 생각하는 것보다 행복하거나, 불행하지는 않습니다. 중요한 것은 삶과 희망에 지치지 않는 것이겠지요. 세계는 언제나 개인보다 작습니다. 회사는 언제나 직원보다 이기적입니다. 어차피 넥타이는 매어졌고 우리들은 출근해야 합니다. 인생은 이유 없이 시작되었지만, 그래도 하루하루 살아가는 작은 이유들을 찾아가며 삶을 채워갔으면 합니다.

절대로 오지 않을 안정을 위해, 오늘도 끝없는 불안을 이겨내고 있을 대한민국 2천만 동료 직장인들, 묵묵한 지지와 우정을 잃지 않고 제 삶을 지켜보며 응원해 주는 소중한 인생의 벗들, 엉성하고 부끄러운 글에 2년여 동안 지면을 허락해 주고 계신 문화일보 AM7 관계자 분들, 책 출판 작업에 대해 이상한 불신을 가졌던 저에게 진심어린 믿음과 애정을 주신 출판사 관계자분들과 정겨운 그림을 그려주신 홍윤표 님, 〈김대리의 직딩일기〉를 사랑해 주시는 독자 분들, 사랑하는 부모님, 열렬히 응원해 준 매형 내외, 무엇보다 제 글에 무한한 소재를 제공하고 영감을 불어넣어 주(고 있다는 사실도 모르)는 제 회사 동료들께, 제 서른 두 살의 진심을 바칩니다.

2007년 1월, 오늘도 야근 중인 사무실에서 김대리, 몰래 올림.

앗, 이건 내 이야기다

김대리는 "심장 속에 한 겹 두 겹 쌓여가던 스트레스를 어딘가에 털어놓지 않으면 당장 죽을 것" 같아 글을 쓰기 시작했다고 한다. 대한민국에서 직장을 다니는 사람이라면 "앗, 이건 내 이야기다." 하고 공감할 분들이 많을지도 모른다.

김대리는 보험회사 대리다. 비참해질 때 언제라도 사표를 던지려고 은장도처럼 늘 사표를 가슴에 품고 다닌다. 하지만 한번도 사표를 던져본 적은 없다. "직장 동료 부친의 빈소를 찾았다가 양복 안주머니에서 조의금 봉투를 꺼낸다는 게 그만 휴대용 사표가 나와 버려 당황"한 적이 있을 뿐.

김대리는 대학 다닐 때는 운동권 노래 '바위처럼'을 부르며 토끼처럼 율동도 해 봤다. 하지만 직장인이 된 뒤부터는 상사한테 욕을 얻어먹으면서 날마다 할 수밖에 없는 야근에, 술자리에 어울리면서 현실에 파묻히게 된다. 회사가 야근을 강요하지는 않는다. 하지만 실적과 경쟁을 강요당해 실적을 올리고 경쟁에서 살아남기 위해서는 '법정근로시간'으로는 불가능하다. 김대리는 항변한다. "누군들 근로기준법을 검색해 보지 않은 자가 있겠는가. 허나 법 위에 있는 것이, 사랑하는 아내와, 토끼같은 자녀와, 나의 생존"인데 어쩔 거냐고.

사실, 한 달에 80만 원도 받지 못하는 비정규직이나, 그나마 일거리도 없는 사람들에게는 배부른 투정인지도 모른다. 그래서 김대리는 그이들한테 부채 의식이 있다. 교통사고가 난 생산직 여성노동자에게 70만 원 보상금을 제시했더니 "야근 못한 수당 4,800원은 어떻게 되냐"고 묻는 걸 보고는 울컥한다. 그것은, "바로 직전에 '70만 원이면 내 하룻밤 술값이군'이라고 말하며 값싼 웃음을 흘리던 중소 기업 사장 남아무개 씨"가 절대로 넘볼 수 없는 여성 노동자가 당연히 받아야 할 소중한 가치라고 생각한다.

김대리는 주변 사람들을 보는 눈이 따뜻하다. 2006년 여름 월드컵 토고전이 있던 날 밤, 라디오도 텔레비전도 나오지 않는 한 평짜리 주차장 투명 부스 안에서 혼자 붉은 악마 티셔츠를 입고 근무를 서고 있는 여직원에게 마음이 싸해진다. 김대리가 할 수 있는 일은 캔커피를 한 잔 사서 건네는 일이었지만 글을 읽는이도 가슴이 싸해진다.

김대리의 글 소재는 직장 동료다. 글의 소재가 되는지도 모르고 'XX복음외과'라는 병원에 들어가 '볶음밥 주세요'를 외칠 뻔했던 실수를 한 이야기를 하는 동료들, 얼음장 같이 차가운 사무실 분위기를 바꿔보려는 H과장이 "금요일에 하는 그 수목드라마 제목이 뭐지?" 하는 실수에 10분 동안 최대한 경박하게 웃어대는 동료들의 모습을 생각하면 웃음이 절로 나온다.

글은 정말 짤막짤막하다. 단락 두 개면 글 한 편이다. 김대리는 "너의 목표가 무엇이냐, 목표가 높아야 꿈이 이루어진다"고 질책하는 상사에게, 〈천하장사 마돈나〉라는 영화에서 동구가 외치듯 '난 뭐가 되고 싶은 게 아니라 그냥 살고 싶은 거라구요'를 외치고 싶어 한다. 《천하무적 홍대리》를 그린 홍윤표의 삽화를 보는 재미도 쏠쏠하다.

안건모 (월간 《작은책》 발행인, 《거꾸로 가는 시내버스》의 저자)

차 례

Ⅰ. 월요일

Ⅱ. 화요일

Ⅲ. 수요일

Ⅳ. 목요일

Ⅴ. 금요일

VI. 쉼표

● 우리도 김대리

월요일

후반전

　새해가 왔다. 서른 살이 되는 직장인들은 대체로 막 신입 사원을 벗어나 크고 중요한 업무를 본격적으로 시작할 때이고, 진로에 대한 고민을 하면서 선택과 집중을 해야 할 나이이다. 이 불황과 공황의 시대에 무엇인가 다시 시작하기엔 다소 늦은 감이 있고, 계속 이대로 살기엔 삶에 대한 비전이 보이지 않는 때. 서른 살을 테마로 한 어떤 소설집의 서문처럼, 말 그대로, '이렇게 계속 살 수도 없고, 여기서 죽어버릴 수도 없는 나이'인 것이다. 이제는 요구할 것 보다는 스스로 책임져야 할 게 많아지는 나이. 즐기는 것보다 견뎌야 하는 것들이 많아지는 나이.

　물론 서른이 넘은 나는 스무 살의 나와 달라진 게 전혀 없다. 아직도 부모에게 응석을 부리고 아침엔 누가 깨워야 일어나며, 약속을 어기고, 엄살이 심하며, 여태 오락을 하고, 아직도 질투를 하며 세상에 대해 겁이 많은 인간. 그러나, 이제는 나 또한 내가 선택하는 것들을 스스로 믿을 수 있는 삶을 살 것이다. 세상의 모든 서른 살들에게. 세상 위에 서서, 세상을 내려다보기 보다는, 넓은 세상 볼 줄 알고, 작은 풀잎 사랑하는, 세상 속에 굳게 발딛고 서 있는 지혜롭고 아름다운 인생이 되길 빈다. 다시, 뛰자. 이제 후반전이다.

인크레더블

〈인크레더블〉이라는 영화를 본 직원들이 많아지고 있다. 초능력으로 세상을 구원하던 슈퍼맨이 평범하고 배 나온 보험 회사 직원이 되어, 실적의 압박과 상사의 꾸지람에 스트레스 받으며 애꿎은 차에 화풀이 하는 모습을 보고, 보험 회사 보상과에서 일하는 우리들은 열광한다. 최소한 우리 회사 사람들에게 〈인크레더블〉은 SF-액션 애니메이션이 아니라 진심어린 휴먼드라마이다. 한 직원은 '예전엔 초능력으로 세계를 구했지만 이제는 보험약관으로 세상을 구원할 거야' 라는 미스터 인크레더블의 말을 책상머리에 붙여 놓고 힘이 들 때마다 읽고 또 읽으며 구원의 메시지를 되뇌인다.

자본주의의 월급쟁이들은 정말 모두 인크레더블이다. 아침 8시부터 밤 10시까지 정신적 스트레스와 실적의 압박 속에서 죽도록 일하고, 새벽까지 술 마시고도 다음날 출근 시간을 지킨다. 나는 이것은 초능력이라고 생각한다. 일찍이 장정일은 '예술가들과 직장인들의 결정적인 차이. 직장인들은 마감 시간을 지킨다' 라고 직장인의 초능력에 경배한 바 있다. 세상의 모든 고개 숙인 인크레더블들에게, 어깨를 맞대고 정답게 불러 본다. "거칠은 벌판으로 달려가자"

월요병

월요병을 이기기 위해 억지로라도 다짐해 보는 것은, 회사 밖에서는 절대로 회사 일을 생각하지 않겠다는 것이다(입사 이래 한 번도 성공한 적은 없다). 회사에서 다 못한 일을 집에 가져와서 한다거나, 회사에서 고민 되는 서류들을 집에 들고 와서 검토해 본다거나 하는 것은 참을 수 없는 일이다. 그래서인지, 주말을 앞둔 금요일 밤의 퇴근길은 언제나 필요 이상으로 들떠 있고(사실 주말에 별 즐거운 일이 없음에도), 월요일 출근을 앞둔 일요일 밤엔 엄습하는 월요병과 스트레스로 잠 못 들고 끙끙 앓는다(사실 월요일 회사 가봐야 똑같은 일 반복할 뿐인데도). 일요일 밤만 되면 위장병에 시달리고 마치 학창 시절, 시험 전날처럼 설사를 하기도 한다. 다음 주말이 돌아오기까지, 내가 만나야 할 사람, 해결해야 할 문제들을 생각하면 이게 내 인생의 마지막 주말이라는 생각이 들 때도 있다.

사실 회사 밖에서 회사 일을 생각하지 않겠다는 건 '공사구분'이라는 아름다운 말과는 전혀 다른 차원의 것이다. 사기업에서 밥벌이하는 게 무슨 공적인 일도 아니고, 나한테는 공개하지 못할 사생활 따위도 없다. 그저 회사에서는 불만 투성이이고, 회사 밖에서는 세상에 나가기를 두려워하는 응석받이 중학생의 변덕일 뿐. 나의 위장은 사춘기 이후로 전혀 변화가 없는 모양이다. 학생 시절을 여전히 그리워하고, 사회생활에 대해서는 필요 이상의 거부감을 가지고 있는 것이 내 모습이다. 예를 들자면,

한 발은 100도의 펄펄 끓는 물에 집어 넣고, 한 발은 영하의 얼음에 넣고 있으면서 '나는 균형을 이루고 있다'라고 말하는 바보짓 같은 것. 결국 타 죽거나 얼어 죽는 것, 둘 중 하나일 뿐일 텐데.

월요병에 대한 고민을 털어놓았더니 P과장이 '그냥 아르바이트 한다는 생각으로 편하게 다니거라'라고 덕담을 해준다. 하지만 나는 학창시절 아르바이트를 할 때에도 월요병에 시달렸던 인간인 걸.

사내 커플

서른 하나 노총각인 B는 6살 연하의 동료 여직원 K와 불같은 연애를 이어가고 있다. 그 연애를 가장 먼저 적발한 자는 바로 나다. 어느 주말의 극장 심야 상영에서 혼자 츄리닝 입고 영화 보러 갔다가, B의 연애 현장을 적발한 것이다. B와 K는 당황했고, 나는 입을 다무는 조건으로 일주일 치 점심을 해결할 수 있었다. 회사 사규에 명문화되어 있는 것은 아니지만, 직원들끼리의 연애는 암묵적인 금기 사항이다. 이게 왜 금기 사항인지는 아무도 설명하지 못하지만, 회사 안에서 업무 외의 다른 것에 신경을 쓰는 것에 대한 일종의 자기 검열이 가장 큰 이유일 것이다. 직원들은 스스로 회사에서는 사적인 감정을 배제한, 일하는 기계가 되어야 한다는 자기최면을 걸고 있다. 또한 한번 소문이 나게 되면 걷잡을 수 없이 확장되고 왜곡되는 사실 관계들은 연애 당사자들을 자주 그로기 상태로 몰고 가곤 한다.

연애의 꼬리가 길었던지 언젠가부터 B와 K로부터 점심을 얻어먹는 직원들이 많아졌고, 나는 혼자 의미심장한 웃음을 지었다. 주변의 정황을 보니 모두가 그들의 연애를 알고 있지만 아무도 소문은 내지 않고 있는 것이다. 가슴 먹먹한 직장 생활에서, 우리 모두가 그들을 응원하고 그들의 연애를 지켜주고 있다. B와 K는 2년의 열애 끝에 결국 결혼에 골인했고 2년간 공공연한 비밀을 지켜온 회사 동료들은 결혼식장에 모여 모두가 이 결혼의 일등공신이자 결정적인 조력자는 바로 자신이었다고 주장하기 시작했다.

딸의 생일

모 탤런트가 TV에서 '인생의 참된 것'이라는 제목으로 불렀던 엽기 자작곡이 재미있다. 가사는 단순하다. '아침엔 아침밥, 점심엔 점심밥, 저녁엔 저녁밥, 그리고 잠잔다. 오 이것이 인생의 참된 것.' 보면서 한참 웃었지만 마음은 왠지 무겁다. 그래, 그것이 인생의 참된 것이지만, 사실 세상에서 가장 어려운 일 아닌가.

하루 세끼를 온전히 식탁에 앉아 가족과 정감어린 대화를 나누며 밥을 먹었던 적이 언제였나. 내일에 대한 걱정 없이 평화로운 마음으로 잠들어 본 적은 또 언제였던가. '남들 다 하고 사는 게 우리는 왜 안되는 걸까'라고 말했더니 누군가 '남들처럼 사는 게 가장 어려운 거야'라는 답을 돌려준다. 설 연휴 동안 쌓인 업무 때문에 거의 날마다 자정을 넘겨서까지 야근하며 '출근보다 퇴근을 먼저하는 하루'를 살고 있던 직원들에게(새벽 1시에 퇴근하고 아침 8시에 출근하니) 저 엽기송은 오히려 우리들의 삶이 얼마나 엽기적인가를 질타하는 것처럼 들린다.

오늘은 S과장의 5살 된 막내딸 윤정이의 생일이지만, S과장의 책상에 쌓인 서류를 보아하니 아무래도 그가 오늘 안에 퇴근하기는 틀린 것 같다. 밤 11시쯤 S과장의 휴대폰이 울렸고 그는 '윤정아 미안해. 내일 아빠가 선물 사줄게'라고 힘없이 말했다. '아빠 힘내세요, 우리가 있잖아요'라는 그의 휴대폰 벨소리가 왠지 처연하게 들리는 밤이다.

30대 남자와 자동차

또 차가 말썽을 부렸다. 퇴근길에 시내에서 가장 붐비는 교차로를 지나다가 교차로 한가운데서 차가 멈춰 버린 것이다. 1994년식에 주행 거리 17만 킬로미터인 소형차. 그저 굴러가 주는 것만으로도 감동적이다. 부담없이 끌고 다니려고 입사하며 구입한 중고차지만 잦은 고장과 얼마 남지 않은 수명 탓에 요즘은 자주 속을 썩인다. 급기야 이번에는 내 차의 고장 소식이 교통방송까지 탔다. '현재 XX로터리에는 고장난 승용차로 인해 극심한 혼잡이 빚어지고 있으며…' 방법이 없다. 견인차가 오기 전까지 차 바깥에서 열심히 수신호를 하고 밀린 차 운전자들에게 '죄송합니다, 죄송합니다'를 외칠 수밖에. 정말 차를 바꿔야겠다.

사실 차에 관심을 가지는 편은 아니었다. '굴러만 가면 차고, 숨만 쉬면 인생이다'라는 내 지극히 실용적인 세계관 때문이다. 그러다가 사회생활을 하면서부터 경제적 능력과 생활의 여유를 나타내는 가장 중요한 지표가 차라는 것을 알게 되었다. 그러면서 점점 새로 나오는 차에 눈을 돌린다. 언젠가부터, 나의 세계관, 나의 취미, 삶에 임하는 태도 같은 것보다, 아파트 평수, 몰고 다니는 차 따위로 나를 설명하는 것에 익숙해져 있다. 절친한 선배는 '네가 차에 관심을 가지는 것을 보니 마초가 되었구나'라고 말한다. 차와 아파트 말고 한국의 30대 남자를 설명하는 지표는 없는 것일까.

4천 8백원

교통사고를 당한 내 또래의 여성 노동자 박모씨. 결혼을 했으며 임신 3개월에, 모 공단 지역에서 생산직 노동자로 일한다. 보상금 산정 기준에 대해 설명을 하며 약 70만원 정도의 보상금을 제시했더니, '그럼 제가 야근 못 한 수당은 어떻게 되죠?' 라고 묻는다. '야근 못 하신 게 얼마나 되나요?' 라고 되물었더니 '4천 8백원이요' 라고 답했다. 그녀의 말을 듣는 순간, 나는 울컥 해 버렸다. 바로 직전에 '70만원이면 내 하룻밤 술값이군' 이라고 말하며 값싼 웃음을 흘리던 중소기업 사장 남모씨를 만나 잔뜩 열받아 있던 상태라, 그녀의 말을 듣는 순간 마음이 너무 애틋해져 버렸다. 내게는 그녀가 말한 '4천 8백원' 은 돈 4천 8백원이 아니라, 한 가난한 여성 노동자의 굳센 인생을 말해주는 일종의 고유명사처럼 들렸다. 내일 다시 만나기로 한 두 사람. 얼마가 되든 나는, 중소기업 사장에게 책정한 돈보다는 무조건 '4천 8백원' 이 더 많도록, 그 여성 노동자에게 보상금을 지급할 생각이다. 그 4천 8백원이라는 것이 아주 작은 돈일 수도 있겠지만, 그것은 중소 기업 사장이 절대로 넘볼 수 없는 박모씨의 인생이 지닌 가치인 것이다. 두 사람의 삶은 평생 4천 8백원의 간극을 두고 평행선을 달릴 것이다. 나는 보험 회사에서 손해사정 업무를 담당하는 직원으로서, 두 인생의 차이에 대한 정확한 손해사정을 해야 할 의무가 있는 것이고, 여성 노동자의 4천 8백원은 중소기업 사장에 견주어 반드시 내가 지켜줘야 할 그녀의 인생인 것이다.

다음날, 두 사람 모두에게 보상금이 지급되었다. 중소기업 사장 남모씨는 70만원. 여성 노동자 박모씨는 70만 4천 8백원.

몸 엄살

사실 내가 하는 일이 뭐 그리 세련된 일은 아니다. 사람과 사람 사이의 분쟁을 조정하고, 대체로 가해자의 입장을 대변하며, 사람의 인생을 돈으로 계산해내는 것이 나의 직업윤리다.

일반화의 오류를 조심해야 하겠지만, 내가 만난 고객들 중 '지식 노동자'들은 대체로 자기 몸에 대한 교양이 없는 사람들이다. 대학교수, 고위 공무원, 전문직 고소득자 들처럼, 육체적 상해의 경험이 없는 사람들은 자신의 몸에 대해 겁이 많고 엄살이 심하다. 그들은 소위 '노가다' 일을 하는 고객들과 똑같은 기준으로 제시된 돈 100만원에 대하여 '내가 연봉이 얼만데, 내 몸이 어떻게 될지 모르는데 이게 돈이냐'라는 한결같은 답변을 돌려준다. 하지만 일용직 노동자라든지 현장 육체 노동자들은 '내 몸은 내가 제일 잘 안다. 내가 100만원이나 받아도 되느냐'라고 껄껄 웃으며 자신의 육체적 교양을 확인시킨다.

'몸 엄살'이 심한 사람들이 대체로 요구하는 것은 자신의 몸을 다른 사람보다 더 큰 돈으로 계산해 주길 바라는 것이다. '나를 일반 '노가다'들과 똑같은 기준으로 보지 마라'며 자신의 지식 노동을 과시하던 한 대학교수도 학생들에게는 '직업엔 귀천이 없다'라는 국민윤리를 강의할 것이다. 아직도 정신 노동이 육체 노동보다 훨씬 '비싼' 몸이며, 서류와 컴퓨터로 이루어지는 노동이 땀과 힘으로 이루어지는 노동보다 가치있는 일이라는 사회적 편견. 한국의 존경받는 정신적 교양인들은 자신의 육체에 대한 교양도 길러야 할 필요가 있다.

여선생

올해 서른 셋의 K대리가 선을 보고 왔다. 워낙 선을 많이 보러 다니는 K대리인만큼, 사실 결과가 그리 궁금한 것은 아니지만 K스스로 "나 어제 선봤어"라고 말하고 다니니 꼭 무엇인가를 물어봐줘야 할 것 같았다.

"아가씨 어떻던가요?" "응. 학교 선생이야."

이게 무슨 말인가. 나의 질문은, 선을 본 여성의 성격과, 얼굴은 얼마나 아름다운지, 또 K대리의 느낌은 어떠했는지에 관한 남자로서의 종합적인 의견에 대한 것인데, 당황스럽게도 그는 상대 여성의 직업만을 말해 버린다. 학교 선생이니 도대체 뭐 어떻단 말인가.

소문을 듣자하니 K대리는 지금껏 줄곧 고집스럽게 학교 선생님들과만 선을 봤다고 한다. 그의 설명은 이러하다. '그래도 내가 대기업 다니니까 사회적 통념상 그림이 되는 여자를 만나야 되지 않겠니. 그렇다고 나이 쉰이 넘어서까지 회사를 다닐수는 없는 일이니 기왕이면 안정된 직장을 가진 여자가 좋잖아.'

그는 평생 사랑할 여자를 찾는 것일까. 그저, 평생 재산을 합칠 여자를 구하는 것일까. '여자는 얼굴만 예쁘면 좋아' 라는 말은 차라리 순수해 보인다. 시대의 불황이 연애의 기초까지 뒤흔들고 있구나. 난 아직, 얼굴만 예쁘면 좋은데.

사표

　회사 로비에서 우연히 만난 동기에게 힘들어 죽겠다고 했더니 놈이 불쑥 양복 안주머니에서 휴대용 사표를 꺼낸다. 은장도처럼 항상 휴대하고 다니며, 조직이 나를 해하기 전에 먼저 자결하겠다는 의미란다. 비록 월급쟁이라 비루할지라도, 결코 비참하지는 않으리라. 야무지게 묶은 그의 넥타이에서 굳센 의지와 마지막 자존심이 느껴지려는 순간, 동기는 저 멀리 부장의 부름에 이등병처럼 각진 걸음걸이로 '최대한 비참하게' 달려가고 있었다.

　그날부터였던 것 같다. 나 또한 양복 왼쪽 안주머니, 즉 심장 옆에, 한자 궁서체로 공들여 쓴 사표를 항상 지니고 있다. 복종과 굴욕이 횡행하는 일상에서 내 인간적 마지노선이 무너질 때 언제라도 던져 버리리라. 회사에게 고과라는 권총이 있다면 나에게는 사표라는 수류탄이 있다.

　그렇게 벌써 5년이 지났다. 물론 사표는 던져보지 못 했다. 언젠가 직장 동료 부친의 빈소를 찾았다가 양복 안주머니에서 조의금 봉투를 꺼낸다는 게 그만 휴대용 사표가 나와 버려 당황했을 뿐. 내가 사표를 던질 날이 정말 올지는 모른다. '자발적 실업'이라는 우리 시대의 가장 위대한 실존이 되기엔 내 용기가 부족하다. 그저 내가 휴대하고 다니는 사표는, 아직은 회사의 이윤보다는 인간의 존엄성을 믿는 나의 '삶표'일지도 모른다. 문제는 참을 수 있는 인간적 마지노선이 자꾸 낮아진다는 것이고, 복종과 굴욕에 대한 내성이 강해진다는 것이지만. (상사에게 업무외적인 인간적 모욕을 당하는 것만은 참지 않겠다,라고 다짐했던 나는, 이미 모든 욕을 한 귀로 듣고, 다른 귀로 흘리는 데 출중한 능력을 배양했으며, 상사가 서류를 던져버리면, 책상을 뒤집어 버리겠다고 다짐했던 나는, 바닥에 흩어진 서류들을 누구보다 빨리 주워 모으는 직원이 되었다)

꿈

30년 가까이 살면서 내 것을 따로 가져본 기억이 별로 없다. 내 장난감, 내 옷, 내 여자 등. 대부분은 부모의 것이거나, 잠시 나에게 맡겨진 것들 뿐이었다. 직장에 들어와 돈을 벌게 되면서 유일하게 가진 취미가 DVD와 CD를 미친 듯이 사 모으는 것이었다. 월급 통장은 부모님께 맡겼으니 통장에 돈이 쌓이는 것은 나의 관심사가 아니다. 다만, 이제 내 방 한 벽면을 타고 올라가는 저 DVD와 CD들을 보면서 지옥같은 사무 노동을 견뎌내야 하는 이유들을 찾는다.

대학 때 소설을 써보겠다고 집에서 라면만 끓여 먹으며 두문불출한 적이 있지만 일주일 후 나는 미련없이 취업 원서를 넣고 양복을 맞추러 다녔다. 28년 동안의 꿈을 단칼에 베어 버린 채, 나는 복제된 스미스 요원이 되어 '그저 회사원'으로 대한민국 일반 남성들의 삶 속으로 섞여 버렸다. 그리고는 마치 자기 학대를 하듯 CD와 DVD를 사 모은다. 결국, 그저 그런 월급쟁이가 되어 무언가를 끝없이 사모으는 허다한 소시민으로 제 인생을 마감하는 게 전부일 뿐이라 생각하니 마음이 착잡해진다. 하긴 그래, 나는 언제나 최고의 행복보다는 덜 불행한 길들만 택하며 살아왔었지. 시시한 청춘이다. 소설을 쓰고 싶어했던 나는 비록 가난했으나 세상에 단 한 명뿐인 사람이었지만, 월급쟁이가 된 나는 돈이 생겼지만, 세상에 너무 많은 사람이 되어 버렸다. 끝없이 복제되고 있는 대한민국 스미스 요원들이여. 당신들의 꿈은 무엇이었나요?

보험 아줌마

우리 나라에서 가장 부정적으로 희화된 직업이라면, 국회의 원 다음으로 보험 아줌마가 아닐까 싶다. '보험 아줌마' 라는 말속에는 조롱과 냉대가 담겨 있다. 동네 사람이나 아는 친척중에 보험 아줌마라도 하나 있으면 일단 귀찮아 하기 마련이다. 보험 아줌마 입장에서는 이 얼마나 더럽고 치사한 생계인가.

그러나, 대부분의 보험 아줌마들은 남편의 월급봉투에 제 인생을 저당 잡히길 거부하고, 스스로 삶에 목표의식을 부여한 강철 여성이거나, 남편의 사업이 망한 뒤 제 힘으로 가정을 일으켜 세우기 위해 씩씩한 삶을 시작한 사람들이다. 그야말로 필사적으로 일하는 프로들이다.

보험 아줌마들을 그렇게 귀찮아하며, 무슨 선심 쓰듯 보험 하나 가입해 준 사람이, 사고가 나거나, 보험 처리를 받을 때면 보험 아줌마를 찾아와 쩔쩔 매며 도움을 요청한다. 그러면 보험 아줌마는 우리 사무실로 고객을 데리고 와 "보험 처리 잘 되게 해 주세요"라며 마치 제 가족의 일인 것처럼 안타까워하는 것이다. 나는, '아줌마, 당신이 이겼소!' 라고 속으로 외쳐준다. 자본주의에서 모든 '생계' 들은 아름다운 전투이다. 월급쟁이들은 다른 사람의 월급을 존중해야 할 필요가 있다.

선배여

내가 직장 선배에게서 충고 받은 처세술은 많지만, 그 중에서도 가장 많이 들은 충고는 '회사에서 아무도 믿지 마라. 결국 다 자기 실적과 고과만 챙기고 아무도 너를 지켜주지 않는다'라는 것이다. 심지어 '이 말을 해주는 나도 믿지 마라' 라고 말하며 사뭇 비장하게 소주를 털어 넣는 선배들을 보면 '진짜 그런가 보다, 때려죽인대도 아무도 믿지 않을 테다' 라며 나도 다짐하곤 한다.

사기업에서 고과라는 것은 결국 상대평가다. 상대평가는 언제나 희생양을 필요로 한다. 그리고 이것이 직원들의 내부 경쟁과 상호 불신을 부추기는 사기업의 통제시스템이다. 나는 아직까지는 직장에서 심하게 배신 당해 본 일이 없어 선배들의 충고에 대해 마음속 깊이 체감하지는 못하는 편이다. 우리 팀의 선후배들은 내가 가장 믿고 따르는 사람들이며, 이들에게 나는 정말로 진심이다. 천성이 복지부동형 인간이라, 고과에 대한 욕심이 없기 때문이기도 하겠지만 최소한 나는 우리 팀의 선후배들에게 이기적인 인간이 되기는 싫다.

나도 언젠가, 힘들어하는 후배를 보며 '아무도 믿지 마라, 이 말 하는 나도 믿지 마라' 라고 말해 줄까? 멋은 있겠지만, 덧정 없는 말이다.

진통제

P대리가 택시 기사인 그의 아버지에 대해 얘기했다. 부쩍 건강이 나빠진 당신에게 아무리 병원에 가자고 해도 '내 몸은 내가 제일 잘 안다'라며 몇 년째 진통제로 때우신다고 한다. 그는 제 아버지가 '판피린 중독'이라고 말했으며 나는 그 말을 들으면서 마음이 아팠다.

P대리의 말이 생각나 밤에 집에 와서 슬쩍 엄마, 아버지 주무시는 큰 방에 들어가보니 엄마, 아버지 베개 옆에도 판피린, 펜잘 따위 진통제가 널려 있다. 나는 한 번도 이걸 눈치 채지 못했다. 아마 나의 부모님도 오래된 지병들을 판피린과 펜잘로 하루하루 견뎌내고 있었을 것이다. 판피린과 펜잘이 이렇게 슬퍼 보인 적이 없었다. 아마도 우리 부모님 세대가 대부분 진통제 중독 세대일 것이다. 대한민국의 조잡한 근대화를 통과하면서 고된 육체노동과 기계 앞에서 느끼는 소외감과 인간적인 고독을, 판피린과 펜잘로 이겨온 사람들.

그러니까 결국 자본주의는 진통제 체제이다. 병을 없애는 게 아니라 병을 잠깐 망각하는 체제. 병의 원인을 찾지 않고 밖으로 드러난 징후들만 그때 그때 극복하는 체제. 사람들이 진통제를 먹지 않으면 견딜 수 없는 체제. 나는 자본주의가 싫고, 이 고독한 지옥의 사무 노동이 싫다.

다래끼

요 며칠 계속 오른쪽 눈썹 위가 간질간질 하더니 오늘 아침에 급기야 일이 나고 말았다. 눈 위에 이상한 무게가 느껴지며 눈이 잘 떠지질 않아 거울을 봤더니 큼지막한 눈 다래끼가 오른쪽 눈 위에 턱 하고 생겨버렸다. 가뜩이나 예전의 만화주인공 '구영탄'처럼 게슴츠레한 눈에 다래끼까지 나버리니 이건 정말로 표정이 '초저능'해 보인다. '다래끼 때문에 눈 위가 무겁다'라고 말했더니 동기는 '그게 인생의 무게'라고 웃으며 나를 피한다.

직장 생활을 시작한 이후로 부쩍 눈 다래끼가 자주 난다. 예전에는 약을 먹으면 금방 나아졌는데 요즘은 다래끼가 한번 나면 며칠이 지나도 없어지지 않는다. 안과를 찾았더니 의사 말이 내 다래끼는 피로와 스트레스가 주원인이라고 한다. 혹은 고기를 익혀 먹지 않아서 그렇다고 하는데, 항상 시간에 쫓기며 살아서 고깃집에 가더라도 느긋하게 익혀 먹을 수 있는 여유가 없어진 것 같기도 하다.

군 생활에서 제일 서러울 때가 몸 아플 때라고 하는데, 직장 생활에서도 제일 서러울 때는 몸에 이상이 생겼을 때인 듯하다. 회사에서는 직원 한 명, 한 명에게 '네가 바로 회사의 얼굴'이라며 직원에게 대표성을 부여하는데 다래끼 난 얼굴로 고객을 만나서 다래끼 난 듯한 회사의 모습을 보여줄 수는 없는 일이다. 느긋하게 약을 먹고 안대를 해서 치료하고 싶지만, 나는 즉시 의사의 시술을 받아 다래끼를 터뜨렸다. '회사의 얼굴'은 느긋하게 '약빨'을 기다릴 시간적 여유가 없기 때문이다.

27머4119

회사 안에 비밀 사조직이 생겼으니 이름하여 〈27머4119〉. 팍팍한 일상의 탈출구로 주말에 음악 활동을 하기 위해 다섯 명의 사람이 모였다. 놀라운 것은 이들 중 악기를 연주할 줄 아는 사람은 한 명뿐이며 그것도 코드만 보고 뚱땅뚱땅 거리는 '모닥불 피워놓고' 수준이란다. 다른 이들은 아예 악기엔 문외한들이다. '아카펠라 그룹을 만들면 되겠네요. 망치로 이빨 톡톡 치면서 소리내고' 라며 농담을 던졌는데, 그들은 실력에 비해 우스꽝스러울 정도로 비장했다. 〈27머4119〉라는 밴드 이름은 그들 가운데 한 명의 차 번호에서 따왔는데, 밴드 이름이라 생각하니 무슨 비밀 암호처럼 이상한 신비로움이 느껴지더란다. "무슨 신비로운 소행성 이름같지 않니?" 다룰 줄 아는 악기도 없고 그나마 노래도 못 하는, 신비로움과는 거리가 먼 P대리가 비장하게 묻는다.

그들이 밴드를 만들게 된 경위는 간단하다. '평범한 직장인'이라는 스스로의 정체성과 가장 반대의 지점에 서 있는 실존이 바로 '밴드' 라는 결론을 내렸다는 것이다. 완전히 반대의 인생을 살고 싶다는 생각과, '이대로 늙을 순 없다' 라는 세대적 절박함이 그들을 밴드의 길로 이끌었다. 장난이겠거니 생각했는데, 그게 아니었다. 그들은 정말로 각자 포지션을 정해 주말에 기타, 베이스, 드럼을 배우러 다니고 있었다. 그들의 꿈은 밤늦은 노래방에서 술과 아가씨들에 둘러쌓인 동료들을 자신들의 공연으로 구원하겠다는 것이다. 아직 악기도 연주할 줄 모르는 밴드지만, 그들은 이미 확실한 팬 1명까지 확보했다(물론 나다). 그들의 가슴 설레는 도전을 지켜본다.

서른둘

2006년 새해 서른 한 살이 되었을 때, 새해 인사차 날아드는 지인들의 문자와 메일에는 하나같이 모 아이스크림 광고를 패러디한 '써리 원(Thirty one), 골라먹는 재미가 있는 나이'라는 말이 적혀 있었다. 2004년, 스물 아홉이 될 때는 '이십대의 마지막, 청춘은 끝났다'라고 했었고 2005년, 서른이 될 때는 '계란 한 판, 잔치는 끝났다'라고 했는데, 서른하나가 되니 아이스크림 광고 문구를 날려 대었던 것이다. 그래, 아직은 내 나이를 표현할 수 있는 세상의 공통분모가 있긴 하구나, 아직은 구체적인 나이구나,라고 흐뭇해하고 있는데 갑자기 '그럼 2007년에 서른 둘은 뭐라고 표현하지?'라고 생각하니 퍼뜩 떠오르는 수식어가 없다. 이제는 정말 그냥 '30대'로서 살아가야만 하는 것인가.

그 나이를 구체적으로 수식하는 유행어가 없다는 것은 무엇을 뜻하는 것일까. 아마도 별 특징이 없는, 이제는 남들처럼 살아야 하는 나이라는 말이 아닐까. 결혼을 하고, 가정을 꾸리고, 아이를 가지고, 세상 속으로 특징 없이 파묻혀 버려야 하는 나이. 생각하니 마음이 자꾸 조급해진다. 부모님께 새해 인사를 드리며 앉은 자리에서 약 30분 동안 어머니의 창과 아버지의 추임새가 장단을 맞춘 결혼 타령을 견뎌야 하는 게 조금은 힘들어진다. 결혼 전에 아직도 못 해 본 것이 뭐가 있을까. 딱히 떠오르는 것이 없으니 더 괴로운 일이다. 올해 '서른둘'에 대한 유행어 하나 터뜨려 줄 개그맨이 나왔으면 좋겠다.

손금

  누구도 예상치 못한 승진을 한 모 직원에 대해, '그 사람은 손금이 없는 사람'이라는 소문이 나돌았다. 하도 윗사람들에게 손을 비벼대서 그렇단다. 어떤 경우라도 유치한 일이다.

  (소문이 사실이라면) 누군가 일신의 안녕을 위해 업무 실적보다는 손을 비비고 개인적인 로비에 집중했다는 사실이 유치하고, (그저 악성 루머라면) 정말 열심히 해서 승진에 성공한 사람일 뿐인데, 주변 사람들이 '손금이 없는 사람'이라며 실눈 뜨고 비아냥대는 것이 유치하다. 솔직히 말해서 '별 화제가 못 되는', 나같이 그냥 묻혀 지내는 직원이 보기에도 이건 좀 심하다.

  소문의 주인공도, 소문을 떠들고 다니는 집단 어디에도 속하지 않겠다,라고 도도하게 다짐하곤 하지만, 고과와 승진에 목을 매고 살 수 밖에 없는 월급쟁이들은 누구라도 한번쯤 소문의 소용돌이 속으로 들어갈 수밖에 없다. 한정된 자리를 두고 수많은 가장들이 벌이는 강호의 경쟁과 숨막히는 시기 질투들. 벗어날 수 있는 길이 없을까? 토성에서는 액체의 흔적이 발견되었다는데. 그곳의 생명체들도 경쟁과 시기 질투에 시달리고 있을까? 토성인들은 지구라는 외계인 세상에서 일어나는 일들을 영화로 만들지는 않으리라. 재미가 없으니까.

전단지

K대리가 외근을 갔다 오는 날이면 항상 주머니에 전단지가 가득 차 있다. 한여름 거리에서 아주머니들이 챙이 긴 모자를 쓰고 화려한 옷을 입은 젊은 사람에게 전단지를 나눠주는 일을 하는 모습을 보면 그는 절대로 그냥 지나칠 수가 없다고 한다. 회사내에서도 마음 씀씀이가 좋고, 힘들어하는 동료를 위해 기꺼이 제 한몸 바쳐 도와주는 K대리의 성격이라면 충분히 그럴 만하다. 주는 전단지는 물론 냉큼 받아오고, 자신에게 전단지를 주지 않으면 쫓아가서 '저도 한 장 주세요'라며 기어이 그걸 받아오고야 만다. 심지어 언젠가는 길거리에서 젊은 남녀가 전단지를 나눠주는 아주머니에게 짜증을 내는 것을 보고는 달려가서 호통을 쳤다가 싸움까지 벌어졌다고 한다.

오늘도 K대리의 주머니에는 개점한 음식점과 호프집의 안주 서비스, 유료 전화 서비스 안내 및 신설된 나이트 클럽을 소개하는 전단지들로 가득 차 있다. '대리님, 전단지에 무슨 한 맺혔습니까?'라며 농담삼아 말했더니 가슴 아픈 답변이 돌아온다. '돌아가신 어머니께서 전단지 나눠주는 일을 하며 나를 키우셨어요. 30도가 넘는 여름의 도심에서 당신은 한 번도 가보지 못한 나이트 클럽의 전단지를 젊은 아이들에게 나눠주신 걸 생각하면 눈물이 납니다.' 새벽까지 그와 술을 마신다. 내일부터는 나도 전단지 수거 작업에 동참하리라.

'오대수'형 직원

1월의 사무실은 어수선하다. 고과 시즌이니 직원들이 몸을 사리고 말을 아끼는 시간이며, 인사 발령이 있는 때라 동원 가능한 모든 인사 정보망에 촉각을 기울인다. 승진 대상자들 사이에는 조용한 환호와 비감 어린 탄식이 교차하는 순간이며, 꼭꼭 숨겨뒀던 사표를 하나둘 제출하는 시기이기도 하다. (설마) 승진 케이스도 아니고 (혹시) 발령 대상자도 아닌 나같은 직원들은 오히려 숨이 좀 쉬어진다. 1년 내내 기계처럼 돌아가던 회사가 웅성거리고, 근거없는 소문을 들으면서 여러 가지 삶의 경우의 수를 가늠해 보는 재미도 느낀다. 예민해진 직원들과는 달리 나처럼 어수선한 분위기에 대충 묻어가서 보너스 받고 월급 타고 '오늘도 대충 수습하고 살자' 라는 '오대수' 형 직원들도 많다.

가만 생각해 보면 회사 생활 내내 내가 '오대수' 가 아니었던 적이 있을까, 싶다. 일에 대한 열정보다는 대충 젊은 날을 수습하기 위해 선택한 직장 생활 아니던가. 회사에 대한 충성이나 '프로' 가 되기 위한 자기계발 보다는 그저 밥벌이를 위한 도구로 생각하며 세상에 먼지처럼 묻은 채, 세상이 흔들리는 대로 나도 따라 흔들리는 정처없는 인간. 누군가, '너의 몸은 조직되어도 마음은 조직될 수 없다' 라며 직격탄을 날린다.

〈올드보이〉의 오대수가 감금된 이유를 알 것 같다. 그는 이 치열한 생존 경쟁에서 그저 '오늘도 대충 인생 수습하며' 살기만 원했으며, 자본주의는 이런 사람을 살려두지 않기 때문이다.

졸면 죽는다.
지키자 내 자리!

H, 그녀

H는 올해 5살 난 아들을 두고 있는 엄마이다. 어지간한 남자 직원보다 훨씬 술을 좋아하고 승부근성이 강하며 괴력적인 음주가무를 구사한다. 업무에서는 남다른 성실함과 집중력으로 뛰어난 성과를 내보여 윗사람들의 신임을 톡톡히 얻고 있다.

사실 내가 하는 일은 여자가 하기엔 '물리적으로' 어려운 부분이 많다. 불특정 다수의 사람을 만나 협상을 해야 하는 일이니, 가끔 교통사고를 당한, '조직폭력업'에 종사하는 분을 만나야 하는 경우도 있고, 여직원의 능력과 상관없이 고객들이 여자 직원의 말은 잘 믿지 않으려는 오래된 편견도 있다. H의 놀라운 점은, 남자 직원이 90% 이상인 이 업무에서 '남자 직원같은' 능력을 보여주는 것이 아니라, '가장 여성적인' 방법으로 완전히 새로운 업무 캐릭터를 창조해 내고 있다는 것이다. 남자 직원들이 전화로 고객과 자존심 싸움을 벌이며 문제의 해결을 지연시키고 있을 때, H는 고객을 직접 만나 특유의 섬세함으로 고객의 동감을 이끌어낸다. 혹은 남자 직원이 강하게 밀어붙이기만 하다가 실패를 거듭한 일을, H는 꼼꼼한 자료 수집과 서류 보완을 통해 정답을 찾아내기도 한다. 교통사고를 당하여 불안에 떨고 있는 임산부 피해자를 만나서는 같은 여자로서, '선배 엄마'로서 자신의 경험을 들려주며 피해자를 감동시키고 문제를 해결하기도 한다. H가 일하는 모습을 보면, 가끔은 이건 정말 여자만 해결할 수 있는 일이라는 생각이 들 때도 많다.

'어느 남자 직원 못지 않다' 라는 한 상사의 칭찬에 그녀는 '기분 나쁘다. 남자 직원만큼만 할 뿐인데도 여자라서 칭찬받는 것은 싫다' 라고 답했다. '당신 너무 당당해서 정말 멋지다' 라고 내가 거들자, '내가 남자 직원들 사이에서 얼마나 절박하게 일하는지 아느냐' 라며 H는 비감 어린 소주를 털어 넣었다.

오늘도 그녀는 남자 직원들에게 커피를 타주는 후배 여직원들에게 '이러면 우리가 진다' 라며 훈계를 늘어놓고 있다. 오늘도 그녀는, 당당하게, 절박하다.

겨울, 삶의 고비

겨우내 회사 직원들과 친구들의 집안에 조사가 많았다. 겨울에 쫓아다닌 장례식만 해도 벌써 여덟 군데이다. 원래 연세 많은 어르신들은 겨울에 기력이 급격히 쇠약해져서 운명을 달리하는 경우가 많다. 겨울을 넘기면 또 1년을 더 살아가신다. 그래서 겨울엔 유독 장례식이 많고, 핸드폰엔 급하게 타전되는 부고 문자들이 이어진다. 직장 생활을 하며 겨울을 나려면 부조금으로 비상금 30만원쯤은 있어야 주변 사람들에게 예의를 갖추며 살아갈 수 있다.

어르신들의 오래된 습관. 밤에 잠잘 때가 아니면 겨울엔 어지간하면 보일러를 켜지 않는다. 기름 타들어 가듯 돈이 타들어 간다고 생각을 하시는 건지, 겨울엔 보일러보다는 내복과 이불, 낡고 두툼한 파카로 추위를 이기신다. 하루 종일 땀나는 난방시설 속에서 일하고 집에 오면 휑한 방에 늙은 부모님께서 파카 입고 앉아 계신다. 그 뭐 보일러 좀 켠다고 집안이 망할 것도 아닌데 '늙은이 청승'이라고 나는 항상 투덜대지만, 이것이 맨 몸뚱아리뿐인 나의 부모가 여름엔 다 벗고, 겨울엔 다 입으며 인생을 견뎌온 힘이라는 것을 알게 되고는 나도 집에 오면 말없이 파카부터 챙겨 입게 되었다.

아버지 생신날. 나는 얼마간의 용돈을 드린 후, 생일 선물로 보일러 기름을 사서 하루 종일 집안에 보일러를 돌렸다. 아직 벌어야 할 돈도 많고 해 드려야 할 것도 많은데, 일단 겨울에 부모님 기력을 소진시키지 않아야 한다고 생각했기 때문이다.

공포 영화

"주위에서 앞뒤로 꺅꺅 비명을 질러대는데 도대체 나는 잠밖에 안 오는 거야."

최근 개봉된 공포 영화를 보고 온 L대리의 탄식이다. 최근 갈수록 감정이 메말라 가는 것 같고 뭔가 정서적인 자극이 필요해 빠듯한 시간을 쪼개어 영화를 보러 간 L대리. 세상 사람 모두가 비명을 질러대는 영화를 보면서 꿈쩍도 하지 않는 자신의 비정한 감정(?)에 낙담한 표정이다. '세상에서 제일 무서운 건 귀신이나 살인마가 아니라 직장 상사같다' 라고 말하며 씁쓸한 웃음을 짓는다.

하기는, 하루 평균 14시간의 사무 노동에 몰아치는 스트레스, 밥만 먹고 잠만 자는 가정생활, 연평균 독서량 3권. 온 신경의 촉수가 실적과 고과, 승진에만 집중되어 있는 생활에서 정상적인 인간의 정서를 가지기란 애초에 불가능해 보이는 일이다. 공포 영화보다 더욱 공포스러운 사기업에서의 생활. 직장인들은 회사에서 귀신을 만나고 살인마와 싸우며 배트맨이 되어 우주 전쟁을 치르고 있는 중이다.

L대리의 말을 듣고보니 대학 시절까지 내가 그렇게 열광했던, 흔히 한국 리얼리즘의 대가로 알려진 한 영화감독의 영화가 자꾸만 지루해지는 이유를 알 것 같았다. 그의 영화보다 나의 일상이 더욱 리얼해져 버렸기 때문이다.

마지막 동료애

　결국 H가 사표를 냈다. 사표를 내는 과정이 가슴 찡한 드라마다. 원래는 설 보너스를 받고 구정이 끝난 후에 사표를 내려고 했으나, 인사 고과 시즌이 막바지로 가면서 인간적인 고민 끝에 총대를 맨 것이다. 직장 생활을 접으며 이제는 자신에겐 고과가 의미 없으므로, 팀원 중 누군가에게 돌아가야 할 하위 고과를 자신에게 달라고 회사에 요청한 것이다. 말 안하고 가만히 있다가 구정이 지난 후 깨끗하게 사표를 써도 될 일이지만, 어차피 자신은 회사를 그만둘 건데 직장 생활 계속할 동료 중 누군가가 하위 고과를 받는 걸 가만히 보고 있을 수는 없었다고 한다. 남아있는 동료들은 착잡한 마음과 동시에 마지막까지 동료애를 불태우는 H에게 감동하고 말았다.

　다소 이른 사표를 쓴 후에, H의 생활은 말 그대로 '뻘쭘' 해졌다. 직장 생활에서 속마음을 들키는 일은 주변의 따가운 눈치를 온몸으로 견뎌내야 하는 일이다. 사무실에서 그는 이미 방치되어 있다. 회사 또한 어차피 그만둘 직원에게는 일을 주지 않고 말을 걸지 않는다. 그러나 그는, 사표 한 장 달랑 던져놓고 다음날 출근하지 않는, 무책임하지만 홀가분한 방법을 택하지 않았다. 그는 회사에 제 속마음을 미리 털어 놓으면서 함께 고생한 동료 하나를 살렸다. 그날 밤 우리는 눈물겨운 소주를 털어 넣으며 H의 건투를 빌었다.

스턴트맨

　인사불성이 되도록 술 마시는 일이 많아졌다. 어제도 기억이 잘 나지 않는다. 회의를 하고 고깃집에서 술을 마시고 누군가와 말다툼을 했고, 누군가와 함께 이름모를 전봇대 앞에 엎드려서 먹은 고기를 확인하고, 휘청거리며 택시를 타고 집으로 와서 잠이 들었다. 눈을 뜨니 낮 1시, 지갑과 가방과 핸드폰이 통째로 없어져서, 하루 종일 직원들에게 전화를 돌려 그것들을 수거하러 다녀야 했다. 술을 좋아하지도 않을 뿐더러, 술 마시고 횡설수설하는 것도 싫어하던 내가, 점점 술의 힘을 빌리는 것에 익숙해지고 있다. 스트레스란 이길 수 있는 게 아니라 잠시 잊을 수 있는 것 뿐이라는 것을 알고 나서인 것 같다. 술의 힘을 빌린 사람들은 상사와 조직에 대한 불만을 털어놓았고, 상사들은 직원들을 다독였다. 최소한 술자리에서 사람들은 화해한다. 하지만, 내 경험에 의하면 사람들이 술의 힘을 빌려 털어놓는 인생의 비밀들은, 대부분 술의 비밀일 뿐이고, 다음날 아침이 되면 모든 것은 다시 똑같아 지며 똑같은 전투와 스트레스가 시작될 것이다. 술자리에서 과음하여 흥이 올라 테이블 사이를 뛰어다니던 한 직원에게 누군가 '완전 스턴트맨이군' 이라고 말했다.

　스턴트맨이라. 그래, 월급쟁이들이란, 사장의 한마디에 온 직원이 혼비백산 뛰어다니고 현장에서 사장의 목소리를 대변하면서 남의 돈 벌어먹고 사는 사람들 아닌가. 뛰어 내리라면 뛰어 내리고, 죽으라면 죽고, 그렇게 살다가 누구 하나 쓰러져도 알아주는 사람 하나 없고…. 그래, 우리는 모두 스턴트맨이다. 회사를 대신하여 회사가 시키는 일을 하고 있지만, 나의 대역은 없다.

삼미 슈퍼스타즈

《삼미 슈퍼스타즈의 마지막 팬클럽》이라는 소설 읽기 열풍이 불었다. 젊은 직원들 사이에 입소문으로 퍼지기 시작하여 마침내 대리, 과장까지 지난 추석 연휴 동안 모두 이 책을 독파한 후 하나둘씩 그 격정적인 감동을 풀어놓고 있다. 이제 사무실에서는 책에 나오는 몇가지 문장들을 유행어처럼 사용하는 지경에까지 이르렀다. 이를테면, 업무 부실로 팀장에게 무참하게 깨진 모 대리는 책의 문구를 인용해 '지금 이 순간, 북한이 쳐들어왔으면 좋겠다'라고 말한다.

프로야구 원년, 꼴찌를 밥먹듯이 하며 경기마다 연패 기록을 스스로 갱신하던 그 야구단에 대한 소설이지만, 저자의 말대로 그것은 결국 1할 2푼 5리의 승률로 세상을 살아가는 모든 사람들에 대한 얘기다. '사오정'을 필두로 회사원의 정년을 빗대어 말하는 신조어들은 나날이 갱신되고 있으며, 50세 이후의 삶에 대해 사람들은 공포를 느끼고 있다. 사기업 직원들은 하나같이 공무원 사회를 부러워하지만, 어쩔 수 없이 저 바늘 구멍같은 승률을 뚫기 위해 밤 10시까지 서류 더미와 씨름한다. 어쩌겠나. 인생은 던져졌고 우리는 물러설 수 없다. 아, 이 사람들. 삶이, 슈퍼스타즈인 우리의 1할 2푼 5리짜리 가장들.

도깨비

　많은 우여곡절 끝에 지금의 회사로 옮겨와 같은 사무실에서 일하고 있는 S대리는 속된 말로 다소 '헐렁한' 사람이다. 둥글둥글한 성격에 좀처럼 화를 낼 줄 모르고 직장 생활 9년 차지만 아직도 양복 입은 품새는 신입 사원처럼 어색하다. 모질지 못한 성품에 어수선한 책상과 항상 구멍난 양말, 힘없는 목소리, 움츠러든 어깨 따위가 그를 설명하는 아이콘이다. 화장실에 똥 누러 가다가 상사에게 걸려 온 전화를 받느라고 바지만 내리고 팬티는 입은 채 '볼 일'을 봤다는 일화는 S대리 정체성의 화룡점정이었다.

　윗사람들에게는 빠릿빠릿하지 못한 모습 탓에 인정받지 못하지만, 워낙 후덕한 성품과 회사에서는 드문 인간적인 매력 탓에 아래 사람들은 그를 사람 좋은 큰 형님처럼 생각한다. 업무 실적은 부진하여 고과는 언제나 바닥을 치지만, 동료들의 경조사라든지 회식 장소 섭외, 후배 직원 고민상담 등, 고과와는 아무 상관없는 일들은 모두 그의 몫이다. 후배들은 뛰어난 상사에게서는 일을 배우지만, S대리에게서는 인생을 배운다. 날마다 술 냄새 풍기며 들어오는 아빠에게 '도깨비다'라고 소리지른다는, S대리 책상 위에서 웃고 있는 2살 된 딸 아이의 사진을 보며 말해 주고 싶다. "아가야, 네 아빠 도깨비가 아니라 최고의 인간이란다."

무한도전

어제 나는 모 방송 프로그램인 〈무한도전〉 제 7의 멤버가 되는 꿈을 꾸었다. 담당 PD에게서 전화가 왔었고 "평소 김대리의 직딩일기를 즐겨 읽고 있다. 인생 막장을 살고 있는 듯한 침침한 분위기가, 연예계 막장 프로그램 무한도전에도 잘 어울릴 것 같았다. 무한도전 멤버들의 평균 나이가 32세 정도 되니 당신과도 딱 맞다"라며 섭외 이유를 밝혔다. 이럴 수가. 내가 온 국민의 관심사이자 인터넷을 뜨겁게 달군 무한도전 제 7의 멤버로 낙점이 되다니. 어느덧 나는 방송국에 가 있었고 기존 멤버들과 반가운 인사를 나누었다. 유재석은 소문 그대로 친절하고 좋은 사람이었으며 방송에 처음 입문한 나를 따뜻하게 감싸주었다. 노홍철은 내게도 입을 벌리며 "형님, 형님"을 남발하고 있었고, 박명수는 새로 영입된 내게 퉁명스럽긴 했지만 근본이 따뜻한 사람이었다. '못 웃겨서 고민'이라는 캐릭터를 가지고 있던 정형돈에게 나는 "방송하다가 안 되면 용접이라도 배워라. 남자는 기술이 있어야 돼"라며 사회생활 선배로서 덕담을 들려주었다. 하하는 귀여운 동생이었으며 그날 밤에 우리는 정준하가 운영하는 술집에서 뒷풀이를 가졌다. 지겨운 사무실을 벗어나 방송 일을 시작하게 된 기쁨과 함께 회사원 출신인 내가 잘 할 수 있을지, 고민도 되었다. 그 와중에 나는 사무실에 '짱박아' 두고 온 서류는 어떻게 되었을까, 꿈에서 걱정도 했고 방송일을 시작했으면 예전 직장을 그만 뒀을 텐데, 왜 퇴직금 받은 기억이 없을까,를 고민하고 있었다.

　그러다가 잠이 깨었다. 눈이 잘 떠지지 않았고 목은 무거웠으며 겨울 새벽이라 방엔 한기가 돌았다. 곧 나는 넥타이를 매고, 출근길에 올랐다. 똑같은 하루가 시작되었다.

모두 눈에 불을 켜고
발바닥에 불이 나도록
불불불
최소한 나한테
불똥은 튀지 않도록
불불불

화요일

스토커

팔자에도 없이 스토커 생활을 계속하고 있다. 우리 회사 옆 건물은 모 증권 회사인데, 야근을 하다가 회사 휴게실에 차를 마시러 갈 때면, 옆 건물의 사무실 내부가 훤히 들여다 보인다.

약 2년째 야근하며 휴게실에서 차를 마실 때마다 별 생각 없이 옆 증권 회사 사무실을 구경하다보니 본의 아니게 그 회사 사람들의 얼굴과 인사 이동을 줄줄이 꿰게 되었다. 누군가 보이지 않으면 다른 곳으로 전근을 갔다는 걸 알게 되고, 새로 전근 온 사람들의 얼굴 또한 금방 외우게 된다. 누군가의 생일 잔치가 벌어지는 것을 구경하고 젊은 누군가가 상사 옆에서 굳은 얼굴로 '깨지고' 있는 것도 보게 된다.

언젠가부터 신입 여사원이 그 사무실에 보이기 시작한다. 작고 여린 몸에 멀리서 봐도 하얀 얼굴이, 노총각인 내 입장에서는 여러 가지 이유로 스토킹을 멈출 수가 없다.

매일 야근의 연속인 내가 늦은 밤 휴게실에서, 또한 마찬가지로 혼자 사무실에 앉아 서류와 싸우고 있는 여사원을 볼 때마다 '남들도 나처럼 산다'라는 이상한 동료애가 느껴지곤 한다. 그녀와 점심시간에 우연히 마주치면 밥이라도 한끼 사야겠다. 그런데 뭐라고 말을 걸까. '안녕하세요. 스토커입니다'라고 할 수도 없고.

배팅

국가 대표 축구 경기가 있는 날이면 사무실은 항상 경마장이 되어 버린다. 우즈베키스탄과 벌이는 월드컵 예선 경기에서도 '판'이 벌어졌다. L대리, M과장 등, 참가자 20명 중 7명이 한국의 2 : 1 승리에 배팅했다. 그 7명은 주로 객관적인 자료와 긍정적인 의욕으로 업무에 임하는 사람들이다. (결국 당첨자가 많아 고액배당자는 나오지 않았다.)

재미있는 것은 전혀 뜻밖의 상황에 배팅한 사람들이다. S과장은 우즈베키스탄의 2 : 0 승리에 배팅했다. 그는 매사를 '좋은 쪽으로' 생각하려는 사람이다. 이기면 이겨서 좋고, 지면 돈 벌어서 좋다는 생각이다. (그는 지난달에 사표가 반려된 사람이다. 그 때 그가 했던 말이 생각난다. 사표가 수리되면 새로운 인생 시작해서 좋고, 사표가 반려되면 회사가 나를 필요로 한다는 말이니 좋고) K대리는 한국의 4 : 0 승리에 배팅했다. 그는 저돌적인 업무 스타일로, 실적보다는 의욕이 항상 앞선다. 긍정적인 목표의식은 좋지만, 목표가 너무 높아 가끔 실망도 주는 사람이다. L대리는 1 : 1 무승부에 배팅했다. 그는 매사에 걱정이 많고 필요 이상으로 신중한 사람이다. (그의 인사 고과도 대체로 무승부였다.) 사람들의 배팅 성향을 보고 있으니 그들의 성격이 고스란히 드러나는 것 같아 혼자 즐거웠다.

나는? 안정을 추구하고 천성이 복지부동형 인간이라 배팅에 참여하지 않았음.

뒷모습

사무실 팀 전원에게 즐거운 단체 메일이 날아왔다. 평소 디지털 카메라로 사진 찍기를 좋아하던 S대리가 직원 모두의 뒷모습을 몰래 찍어 화일로 보내온 것이다. 단체 메일의 제목은 '우리들의 절반입니다' 였다. K과장은 등이 굽어 있고, 쑥스러움을 많이 타는 Y대리는 목 뒷덜미를 손바닥으로 비비고 있다. 신입사원 S는 바지 밖으로 와이셔츠가 삐져나와 있고, L대리는 담배를 물고 전화를 하면서 먼 곳을 바라보고 있다. 나는 잔뜩 움츠러든 어깨로 책상에 앉아 와이셔츠 팔을 걷어 부친 채 뒷머리를 쥐어뜯고 있는 사진을 받았다.

사진을 보내준 S대리의 설명에 의하면, 언젠가 보았던 책에서 주변 사람들의 뒷모습만 계속 찍는 주인공에게 영감을 받아 언젠가는 동료들의 뒷모습을 찍어봐야겠다는 생각을 했다고 한다. 우리 몸의 절반이지만, 우리가 전혀 보지 못하고 살아가는 우리들의 뒷모습. 남에게 보여주려 잔뜩 치장한 앞모습과는 달리, 주변을 의식하지 않은 자연스러움을 간직하고 있는 우리들의 절반. 매사에 자신있는 K과장의 위축된 어깨, 밝고 적극적인 L대리에게 숨어 있던 쓸쓸한 그늘. 사진들을 보고 있으니 이상한 연민이 밀려온다.

속도 경쟁과 상승 욕구가 지배하는 세상에서, 나는 항상 나의 절반을 놓치며 살아왔다. 너무 앞만 보며 달려왔구나. 하루에 10분이라도, 가끔은 뒤돌아봐야겠다.

힙합전사 J대리

거대 기업에서 자신의 개성과 캐릭터를 살리며 살아가기란
많은 것들을 견뎌내야 하는 일이다. 회사에 '찍히는' 것이 두려
워 사람들은 대체로 튀지 않고 누가 누군지 모르게 조용히 묻혀
있는 것을 좋아한다. 나 또한 동료 직원의 업무 스타일에 대해
서는 훤하게 눈치채고 있지만 그들의 사생활과 취미에 대해서
는 거의 아는 바가 없다.

그러다가 재미있는 것을 발견했다. 워낙 조용해서 직장 내에
서는 있는지 없는지 알기 어렵고, 상사에게 자기 주장을 말하
는 일도 없으며, 평범하기로 말하자면 국가 대표급인 J대리에
게 일 때문에 메일을 보낼 일이 있었다. 그의 메일 주소를 찾았
더니 ID가 'GROOVE'라고 나와 있다. 명쾌한 번역은 어렵지
만 음악적인 리듬감과 흥을 나타내는 말이 아닌가. 괜한 호기
심으로 그의 홈페이지까지 찾아갔더니, 맙소사, 대학 시절 사
진 속에 그는 음악을 하며 수차례의 공연까지 했던 '힙합전사'
였다. 젊은 날의 꿈과 열정을 숨기며 넥타이를 맨 샐러리맨이
되어 조용히 세상 속에 묻혀 있는 그의 모습은 왠지 애틋하고
어쩐지 감동적이었다. 그래, 우리들은 모두 같지만, 모두 자신
의 ID(정체성)만은 소중하게 간직하며 살아가고 있구나. 문득
내 ID가 건조하기 짝이 없는 (내 사번인) 숫자로 되어 있다는 사
실에 내가 남들보다 더 빨리 늙어버린 건 아닐까 싶은 위기감
이 든다.

'에릭' P대리

아무도 상상하지 못한 일이었다. 나이는 서른 여섯이지만 워낙 미남인데다가 키도 크고 훤칠하여 사무실의 '에릭'으로 불리고 있던 P대리. 밝고 명랑하여 상사의 신임도 두텁고, 언제나 웃는 얼굴이라 동료들 사이의 인기가 높다. 운동도 잘 해서 회사 체육대회에서는 언제나 그의 원맨쇼가 펼쳐진다.

한 가지 이상했던 점은 그동안 족구를 할 때 그는 절대로 머리로 공을 받는 일이 없었는데, 우리 모두는 발기술이 워낙 탁월하니 굳이 머리를 쓸 필요가 없을 것이라 생각하고 있었을 뿐이다. 그러다 오늘 회사 체육대회에서 상대편이 세게 찬 공이 P대리 머리를 스쳤고, 마침내 우리는 입사 7년 차 P대리의 비밀을 알게 되었다. 통째로 위로 밀려 올라간 머리. 당황한 P대리가 급히 머리를 매만졌지만 더 이상 비밀은 없었다. 1초쯤 P대리의 어색한 웃음과 주변 동료들의 소리없는 비명이 교차했다. 술자리에서 그는 '스물다섯 살부터 대머리였다. 입사 전에 가발을 썼고 지독한 콤플렉스였다'라고 고백했다. 사무실에서 가장 완벽해 보이던 P대리의 콤플렉스를 알게 된 사람들은 각자 자신의 말 못할 비밀을 늘어놓기 시작했다. (놀랍게도 C과장도 가발이었다!) 업무적인 대화에만 익숙해져 있던 동료들이 자신의 속내를 끄집어 내니 우리들은 내 옆자리에 '사람'이 앉아 있구나,라고 비로소 깨닫게 되었다. P대리, 이제 '대머리 에릭'으로 불리게 된 그의 비밀이 고마워지는 날이다.

개그맨 '만사마'

직원들 사이에 '만사마'라는 개그맨의 춤이 유행하고 있다. TV라고는 밤늦은 시각의 홈쇼핑 광고밖에 보지 못하고 세상 모든 소식은 인터넷 포털 사이트의 뉴스로만 확인하는 우리지만 얼마 전 나이 서른에 초등학생 아이가 있다는 만사마의 깜짝 고백을 본 후로 모두가 그를 주목하게 되었다. 만사마의 가족사가 공개되고, 그가 아이를 기르기 위해 중국집 주방일부터 막노동까지 온갖 일을 다하며 지금의 개그맨이 되기까지 인생 역정이 소개되자, 사무실 동료들은 적잖이 감동하게 되었다. 나름대로 버젓한 직장을 가지고 있지만 지친 몸과 마음 때문에 항상 가족에 무심했던 우리 입장에서 그는 정말 존경스러운 가장이었다.

만사마, 정만호의 고백에 진심어린 응원을 보낸다. 대중의 지탄을 받을 것을 감수하며 깜짝 고백을 한 그의 결정보다는, 17살에 가진 아이와 갑자기 만들어진 가정을 포기하지 않고, 온갖 막노동으로 제 서툰 가족 사랑을 실천해 온 그의 굳센 의지를 응원한다. 그는 동남아 신비주의 개그맨이 아니라 한국의 굳센 리얼리스트였다. 그에게 공연장은 스타의 꿈을 실현하는 무대가 아니라, 가족을 책임지기 위한 직장이었다. 아무도 몰라도, 우리 직장인은 안다. 그의 격렬한 춤사위에서 뿜어져 나오는 삶에 대한 의지가 감동적이다.

새 길 찾는 후배

나와 D대리는 주로 회사 내의 사건 사고에 둘이 셋트로 연루되는 경향이 있어서, 사고도 같이 치고 고통도 분담하는 눈물겨운 전우애를 나누고 있다. 오늘도 둘이서 팀장에게 셋트로 '한소리'를 들었다. 사연인즉슨, 선배로서 최근 입사 6개월만에 사표를 내고 회사를 그만둔 신입 사원 K를 잘 챙기지 못한 정도가 아니라, 오히려 사표를 권유하고 퇴사를 방조했다는 것이 죄목이다.

사실 우리가 K의 사표를 방조한 것은 아니다. 오히려 누구보다 그의 말을 열심히 경청했고, 그의 고민을 이해하려 노력했으며, 그 결과 우리가 내린 결론이 '회사 나가서 너의 일을 찾아라'는 것이었다. 처음 신입 사원의 고민을 듣고 3명이 함께 술자리를 했을 때는 '그만둬야 할지, 계속 다니다 보면 희망이 있을지'를 고민하는 수준이었으나 그의 고민을 듣고서는 오히려 우리가 흥분하여 '니 말 들어보니 그만두는 게 맞다. 내일 사표 써라'고 K를 부추긴 것이다. 그것은 D대리와 내가 할 수 있는, 가장 솔직한 정답이었다.

한국 사회의 어떤 조직이든 방황하는 후배는 달래고 설득시켜서 잡아 두는 게 선배의 할 일이라는 암묵적인 동의가 있다. 하지만 아직은 가능성이 있고 삶이 열려 있는 젊은 후배에게 '좀 있으면 나아질거야'라는 말로 우리가 책임질 수 없는 거짓 희망을 줄 수는 없었다. 시간이 지나서도 그가 이 일에 적응하지 못하고, 그나마 회사를 그만둘 수도 없는 나이가 된다면, 그 때 그의 삶은 누가 책임질 것인가. 나와 D대리는 우리들의 후배가 이 회사를 그만두고 완전히 새로운 삶의 모델을 제시해 줄 것을 기대했다. 회사를 그만두는 것이 삶을 포기하는 게 아니라는 것을 우리에게 보여주길 바라며, 우리는 최선을 다해 그의 퇴사를 '방관했다'.

사표를 내고 사무실을 떠나버린 K에게 전화를 했다. '나랑 D대리랑, 너 그만두는 거 내버려뒀다고 욕 엄청나게 들어먹었다. 우리가 들어먹은 욕을 생각해서라도 나가서 멋진 인생을 살아다오.' K가 웃으면서 말한다. '회사에서 쫓아내 주셔서 정말 감사합니다!'

K는 제 오래된 꿈을 위해 대학원에 들어갔다. 학생 신분임을 내세워 한 달에 한번씩 술과 밥을 요구하는 것이 부담스럽기는 하지만 흐뭇하기도 하다.

'접조직' L대리

  업무 자체가 단순 사무직이 아니고 나름대로 전문성을 요하는 일이다보니, 회사내에는 빠른 업무습득을 위해 소위 사수와 부사수라고 불리우는, 어쩔 수 없는 도제관계가 성립하기 마련이다. 처음 시작할 때 나에게 업무를 가르친 선배와는 직장 생활이 끝날 때까지 끈끈한 정을 유지하거나 업무내외적으로 도움을 주고 받는다. 이렇게 형성된 회사내의 인맥들을 사람들은 '라인' 이라고 부른다. 어느 라인에 서느냐, 직속 선배가 누구이고 그 선배가 지금 회사의 어디에 위치하고 있느냐, 등은 가끔 한 사람의 직장 생활을 결정적으로 좌지우지하게 마련이다. 한 발만 물러서서 생각해 보면 참 유치한 일인데, 어떤 사람들은 자신의 '라인' 을 자랑하기에 여념이 없다. '나의 사수가 회사 어디에 있고, 저 잘나가는 사람이 소싯적에 나와 같이 근무했던 선배였고, 그가 반드시 나를 키워준다고 했다' 라는 것들. 어떤 사람들은 이 '라인' 하나만 믿고 직장에서 버텨내기도 한다.

  이런 '줄 서기' 에 자주 반감을 표하는 L대리. 그를 가르치던 선배가 퇴사를 하면서 그 자신의 '라인' 이 없어서이기도 하지만 그는 여전히 '라인' 보다는 스스로 흘린 땀과 노력이 자신을 지켜준다고 생각한다. 그래서인지 그는, 윗사람들의 눈치를 보는 일도 없고, 의사 결정에 있어 절대로 누군가의 편에 서지 않고 스스로의 판단에 따르는 명쾌한 사람이다. '접조직' L대리는 그 어떤 탄탄한 '라인' 을 가진 사람들보다 훨씬 강하다.

고민 : 어떤 줄을 잡아야 하나 …

고민 : 달랑 한개 있는 줄이 …

입사 동기

직원 교육이 있어 회사 연수원을 갔다. 연수원에 가는 날은 생각이 많아진다. 바쁜 업무에서 벗어나 잠시 여유를 누릴 수 있어서이기도 하고, 신입 사원 연수 시절 모든 것을 시작하던 그 때를 떠올릴 수 있으며, 무엇보다, 그곳에 가면 전국으로 흩어져 있는 나의 입사 동기들을 만날 수 있기 때문이다.

해당 부서로 발령 받기 전의 신입 사원 연수 시절, 세상으로 나아간다는 설레임과 세상 속에 던져지기 직전의 불안이 교차하던 때, 그 시간을 함께 살아낸 동기들을 만나고, 그들의 변화를 지켜보는 것은 꽤 즐거운 일이다. 회사를 그만둔 동기의 소식을 들으면 그 사정이 궁금해지고, 이제 몇 명 남았을까 헤아려 보고, 누가 끝까지 남아있을까, 추측해 보기도 한다. 동기들 대부분은 배가 나오고 얼굴이 많이 상했으며 대체로 사원증의 사진보다 머리숱이 많이 줄어들었다.

신입 사원 연수 시절, 적극적으로 교육 프로그램에 나서기보다는 항상 뒷구석에서 툴툴대며 '충성을 강요하는' 문화에 불만을 토로하던 L은 지금은 누구보다 적극적으로 발표를 하며 애사심을 표현하느라 여념이 없었다. 신입 사원 연수원을 방문한 회사 임원에게 술에 취해 겁 없이 반말을 하며 호기로운 저항을 일삼던 P는 제 부서의 상사를 졸졸 따라다니며 식당 자리를 잡아 드리느라 정신이 없었다. 그런 것이 하나도 미워보이지 않는다.

그래, 우리 모두 신입 사원 연수 시절의 드라마 주인공 같던

패기는 낯선 추억이 되었고 이제는 다들 일과 술과 사람에 목매여 사는 삼십대의 삶 속에 묻혀 버렸다. 오랜만에 방을 같이 쓰게 된 동기가 말한다. '회사 들어오면서 세상으로 나간 것이 아니라, 세상 속에 숨어 버린 것 같다.' 회사가 제 인생의 보호막은 아니라는 것을 체득한 동기들. 많이들 기가 죽었지만 스스로 단단해지는 법을 배운 것 같다. 인생, 파이팅이다.

우리들의 사회화

직원들과 함께 〈아무도 모른다〉라는 영화를 단체관람했다. 작년 칸 영화제에서 최연소 남우주연상을 수상한 영화이며 소규모 개봉된, 소위 '예술영화'이다. 다른 이유가 있어서는 아니고, 퇴근 시간에 맞추다 보니 이 영화밖에 시간이 맞는 게 없어서 '할 수 없이' 본 영화였다.

각자 아버지가 다른 4남매가 미혼모인 엄마와 함께 살다가 엄마가 집을 나가버린다. 그러고나서 남은 아이들 4명이 반 년동안 스스로 알아서 세상을 살아나간다(정확히 말하자면 '의식주를 해결해 가는'). 출생신고가 되어 있지 않아 아이들 모두 학교에도 가질 않고, 친구를 사귀는 것마저 어려웠지만, 아이들은 아무도 슬퍼하거나 불행해 하지 않는다. 그냥 그들만의 질서로, 그들만의 눈으로, 자신들의 소우주를 구축해 간다. 비극적인 결말이 다가오고, 영화를 보던 직원들의 눈에 눈물이 그득하다.

영화가 끝나고 '삘 받은' 직원들과 술을 마신다. 주민등록번호, 학번, 군번, 사번 등, 속해 있는 모든 곳에서 번호와 바-코드를 부여받고 세상의 질서 속에서 안락하게 살아가는 데 익숙해져 있는 우리가, 세상 속에서 내 힘으로 서 있다고 생각해 본 적이 몇 번이나 될까. 결국 사회화된다는 것은 적당한 수준의 반칙을 배운다는 것이 아닐까. 학교도 가지 못하고 10평 아파트에서 자신들의 우주를 만들어간, 세상에 존재하지 않는 저 아이들에 비해 우리들은 얼마나 얄팍하고 얍삽한가. 어느덧 술자리가 새벽 3시를 넘어간다.

조용한 기부

'기부 문화상' 같은 게 있다면 H대리는 단연 일 순위다. 기부에 관한 한 그녀는 국가 대표급이다. 대학 시절 모 사회운동 단체에서 활동했고 거기서 연애를 하여 지금의 남편과 결혼을 한 그녀. 부부가 모두 직장 생활을 하니 예전처럼 활동을 하는 것이 불가능해지자 그녀가 남편과 했던 약속 중의 하나가 '연봉의 5%를 기부하는 것'이었다고 한다. 입사 이래 한 번도 그 약속을 어긴 적이 없고, 얼마 전에는 사무실로 해당 단체에서 감사패도 날아왔다. 우연히 감사패를 보기 전까지는 동료 직원들 중 아무도 이 사실을 몰랐으니, 그 '조용한 기부'가 더욱 값지게 보인다.

자본주의에서 벌어지는 사회운동과 캠페인을 지지하는 방법 가운데 회사원이 할 수 있는 거의 유일한 방법은 '돈으로 지지하는 것'이다. 그 뜻과 취지에 동의하고 인터넷으로 밤을 새워 지지의 글을 올리는 것이 결식 아동의 끼니를 해결해 주지는 못한다. 조용히, 제 지갑을 열어, 약소하나마 자신의 부를 세상에 나눠주는 일. 그것이 가장 위력적이고, 혹은 유일한 방법이다.

말이야 쉽지, 굳이 불경기 때문이라는 핑계를 대지 않더라도, 기부 문화 활성화를 위해 선뜻 자신의 지갑을 여는 일이 쉬운 결정은 아니다. 그동안 주로 후배들의 술값을 기부하는 것으로 때워 왔던 나의 기부 문화에도 변화를 줘야겠다. 내 연봉의 단 1%라도 세상을 위해 쓰여지게 되길 바란다. 나의 노동이 이기적이지 않도록.

무대공포증

D대리는 공포증에 관해서는 멀티플렉스다. 고소 공포증이 있어 높은 곳을 못 올라가고, 무대 공포증이 있어 앞에 나서질 못하며, 모서리 공포증이 있어 뾰족한 것을 쳐다보지 못한다. 깡마른 체구에 투박한 외모로 스스로도 '남에게 호감 주는 얼굴은 아니다'라고 말하며 술을 마실 땐 곧잘 자신의 외모에 대한 콤플렉스를 털어놓기도 한다. 성격 탓인지, 서른넷인데 아직 노총각이다.

D대리가 화제에 오르는 이유는, 매사에 소극적이며 말도 없는 그가 업무에서 보여주는 발군의 실적 때문이다. 게다가 사무실의 모든 귀찮은 일을 도맡아 하여 사람들은 D대리가 말없이 자신을 도와줬다는 사실을 한참 후에 알고는 뒤늦게 감동하는 경우가 많다. 그렇게 그는 동료들에게 신뢰를 쌓았고, 그는 우리들의 말 없지만, 든든한 동료이다.

그런 그가 창의적인 업무를 인정받아 회사의 프리젠테이션 대회에 나갔다. 수십 명의 직원이 지켜보는 가운데 발표를 해야 하는지라 그의 성격을 잘 알고 있는 우리가 더욱 긴장했다. 여느 때처럼 그는 떨리는 목소리로, 더듬더듬거리며 약 3분간의 발표를 마쳤고 우리는 뜨거운 박수를 보냈다. 그의 프리젠테이션은, 말보다는 그가 준비한 그 방대한 자료와 성실한 업무의 기록만으로도 충분히 감동적이었다. 평소의 그처럼 말이다.

'사' 자 직업

L대리가 한숨을 쉰다. 그는 요즘 소위 '머리에 쥐내리고 있는' 중이다. 가벼운 접촉 사고로 인해 타박상을 입은 사람이 사고 후 3일이 지나 갑자기 대수술을 받았고 수술 결과가 좋지 않아 사지가 마비되어 버린 것이다. L대리가 모은 자료에 의하면 명백히 담당 의사의 의료 과오이며 교통 사고와 인과 관계를 찾기 어려워 보험 처리가 불가함을 안내했지만, 담당 의사는 자신을 모독했다며 L대리를 명예훼손으로 고발했고, 피해자의 가족들은 변호사를 수임하여 보험 회사에 소송을 제기했다. 그것이 L대리를 힘들게 한 것은 아니다. 흔히 있는 일이며, 분쟁이 되는 것은 담당자 입장에서도 소송을 통해 보다 객관적인 결론을 얻어내는 것이 옳다고 믿는다. 그런데 문제는 피해자 측에서 '의사 선생님이 실수했을 리가 없다', '변호사 선생님의 말을 못 믿느냐', '보험 회사 직원 주제에 뭘 안다고 까부느냐'와 같은 폭언을 했다는 것이다. 소위 '사' 자 들어가는 직업에 대한 절대적인 신뢰와 '일개 회사원 주제'라고 깔아뭉개는 모욕 속에서 졸지에 '나부랭이'가 되어버린 L대리. '이번에야말로 월급쟁이의 힘을 부여주겠다'라며 전의를 불태운다. 부디, L대리의 노력이 인정받고, '사' 자 들어가는 직업에 대한, 거의 종교적인 신뢰가 바로잡히길 빈다. 더불어 불의의 사고를 당하신 피해자분의 완치도 빈다. 정말 열심이신 의사, 변호사들에게는 오해가 없길 빈다. 모두 다 함께 잘 살길, 빈다.

L대리의 정기 감사

사무실 모든 직원이 어버이날만큼은 부모님과 가족에 충실하려고 애쓰지만, L대리의 경우는 좀 더 특별하다. 그는 어버이날만 되면 어버이날 전후로 휴가를 내어 혼자 계신 노모를 모시고 여행을 떠난다. 그의 모친이 특별히 여행을 좋아하시기 때문은 아니다. 매년 어버이날, 그는 모친을 모시고 먼저 세상을 떠나신 부친의 묘를 찾아가 부친의 묘 앞에 카네이션을 꽂아 드린 후 전국의 유명한 여행지로 모친과 함께 떠난다. L대리가 이토록 어버이날에 집착하는 이유가 있다. 그의 부친이 지병으로 타계하신 날이 5년 전 어버이날이기 때문이다. '취직하면 좋은 데 여행 보내 드릴께요' 라던 학생 시절의 약속을 지켜드리기는커녕 바쁜 회사 업무 탓에 고향에서 투병 중이신 아버님을 제대로 지켜보지도 못한 채 부친을 떠나보낸 것에 대한 후회와 원죄 의식은 항상 L대리를 눈물짓게 한다.

그 후 그는 어버이날만 되면 부친의 묘를 찾아간 후, 어머님을 모시고 생전에 전국의 유명한 관광지를 돌아다니며 못 다한 효를 실천한다. 어버이날 전후로 회사에서 정기 감사가 나와도 그는 그의 모친을 위해 휴가를 쓴다. 그의 어머님이야말로 L대리 인생의 유일한 감사 위원이며 어버이날에 모친을 모시는 일이야말로 L대리 인생의 정기 감사인 것이다.

궂은 날

아침부터 분위기가 이상하긴 했다. 제 시각에 출근했음에도 '김대리, 오늘 1시간 일찍 출근하기로 했던 거 몰랐습니까?' 라 며 팀장이 타박했다. 전혀 몰랐던 일이라 '죄송합니다. 신경쓰 겠습니다' 라고 얼버무린다. 아침이면 나의 담배 친구가 되어주 는 D대리 또한 예정에도 없이 '담배끊었다' 라며 쌀쌀맞게 군 다. 생전 부하 직원에게 심부름을 시키지 않는 B과장이 '김대 리, 이 서류 좀 업체에 갖다주고 와' 라며 다소 무리한 부탁을 한다. 절친한 동료인 S대리는 '요즘 회사에서 너 때문에 말이 많다. 몸조심, 입조심 좀 하고 다녀라' 며 쌩뚱맞은 경고를 준다. 새파란 신입 사원인 K에게 급한 복사를 부탁 했더니 '김대리님, 저도 이제 본격적으로 일을 시작합니다. 김대리님 복사 심부름 은 이게 마지막입니다' 라며, 속된 말로 '싸가지를 상실한' 공사 구분을 시작했다. 사무실의 모든 동료 직원들이 나를 향해 집중 적으로 냉대를 한다. 그러니 내가 모르는 무슨 일이 있는지, 혹 은 내가 어떤 큰 잘못을 했는지, 심각한 원죄 의식에 사로잡혀 겨우겨우 하루를 보내고 있었는데. 밤 8시가 되자 갑자기 사무 실 불이 탁탁탁 꺼지며 여기저기서 폭죽이 터진다. 촛불이 켜지 고 케익이 들어오고 직원들이 큰 소리로 외친다. '김대리! 생일 축하합니다! 오늘 하루 고생 많았어요!' 라며 깔깔 웃는다. 나는 화장실로 도망가 감격의 눈물을 흘리고 말았다.

예비군훈련

남들보다 늦은 나이에 군대를 다녀왔더니 예비군 훈련 때문에 업무에서 빠지는 '고마운' 일이 종종 생긴다. 하루 정도 도시를 떠나 이름 모를 산골짜기에서 핸드폰 꺼두고 느긋하게 하루를 보내는 일은 군대가 주는 몇 안되는 선물과 같은 것이다. 예비군 훈련은 바쁜 일상에서 한숨 쉬어가는 휴식의 기회로서도 좋지만, 무엇보다 각종 직업에 종사하는 또래 생활인들의 생생한 삶의 소리를 들을 수 있어서도 좋다. 나는 그리 넉살이 좋은 편은 아니라 훈련 중엔 구석에 조용히 앉아서 담배나 피워대지만, 예비군 모자를 삐딱하게 쓰고 옆 사람과 열심히 먹고사는 얘기 주고 받는 사람들의 모습을 구경하는 건 흥미로운 일이다.

시끄럽게 소리를 내며 핸드폰으로 오락을 하고 있는, 시장에서 양말 장사를 하고 있는 예비군에게, 옆의 예비군이 '거 좀 조용히 합시다'라고 했더니 '자고로 오락과 포르노는 소리가 나지 않으면 재미가 없는 법이지요'라는 넉살 좋은 답변에 주변 사람들 모두 낄낄낄 웃는다.

같은 시대를 살아오며 같은 성장기를 거쳤지만, 누군가는 양말 장수로, 누군가는 월급쟁이로, 누군가는 개인 사업가로, 누군가는 백수로, 각자의 삶에서 최선을 다하는 모습을 보면 이상한 연민이 느껴진다.

국가와 국민에 충성을 다하기엔 너무 군기가 빠진 이 생활인들. 예비군 훈련이 끝나고 다시 돌아갈 생활의 전쟁터에서도 웃음을 잃지 않길 바란다.

고객 불만 민원

서비스업에 종사하는 샐러리맨들이 가장 두려워 하는 것은 고객이 쏟아내는 불만 가득한 민원일 것이다. 한정된 수요 안에서 시장을 점유하기 위한 서비스 산업의 과다 경쟁 속에, 특히나 대한민국과 같은 인터넷 강국에서 회사 홈페이지로 접수되는 고객의 민원은 담당 직원에게는 치명타에 가깝다. 직원들이 가장 회사 그만두고 싶어할 때가 자신에 대한 민원이 접수되어 회사한테 무참히 '닦일 때' 이기도 하다.

회사의 L대리는 스스로 민원의 공포 속에 살고 있으면서도 그가 개인적으로 이용하는 홈쇼핑이나 대형 할인 매장의 서비스가 조금이라도 불만일 때는 해당 회사의 홈페이지에 주저없이 민원을 넣어 담당 직원을 고발한다. '그 직원이 어떻게 될지는 누구보다 우리가 더 잘 아는데 그렇게까지 할 필요가 있겠나. 아는 놈이 더 한다고 우리야 그 회사에 불만 한번 털어놓으면 그만이지만, 해당 직원은 자신의 생계를 위협받지 않느냐' 라고 말했더니 L대리는 '경쟁 사회 아니냐. 내가 잘 아는 걸 써먹었을 뿐' 이라 말한다. 그의 생각이 밉살스럽다. 인터넷이 성장하니 사람들은 서로가 서로를 고발하는 데 혈안이 되어 있다.

월급쟁이들끼리는, 서로의 작은 실수쯤은 넓은 아량으로 이해해줘야 하지 않겠는가. 세상의 월급쟁이들이 얇게라도 연대했으면 좋으련만.

재롱 잔치

　유부녀 선배인 H대리가 아침부터 바쁘다. 오늘은 6살 난 아들 동규의 유치원 재롱 잔치가 있는 날이지만 회사 분위기를 봐서는 도저히 휴가를 낼 상황이 아니다. 작년에도 동규는 엄마 아빠 없이 재롱 잔치를 치러야 했다. 새벽에 나가 밤도깨비처럼 들어오는 맞벌이 부모에 동규도 어느 정도 익숙해져 있지만, 이제 고작 6살인 아이의 인내에는 한계가 있는 법. H대리도 이번만은 아이의 재롱을 구경하고 싶은데 상황이 여의치가 않다. 전날밤 그녀의 고민을 듣고 묘수를 짜내기 시작했다. 일단 아침에 출근하여 급한 일이 터진 듯 호들갑을 떤 후에 아침 9시에 바로 외근을 나가 아이의 유치원으로 달려가는 것이었다. 그녀의 조력자로 내가 간택되었고 나는 '아침에 쇼 한판 해야겠는데요' 라며 작전을 짜기 시작한다.
　다음날 아침, 그녀는 외근할 거리를 만들기 위해 팀장 바로 옆에 서서 전화도 오지 않은 핸드폰을 들고 '예. 만나서 얘기합시다. 제가 그쪽으로 바로 가겠습니다' 라며 열연을 펼쳤다. 옆에 앉아 있던 내가 'H대리님, 일 더 커지기 전에 빨리 가서 만나보셔야 할 것 같은데요' 라고 거들며 '팀장님, H대리가 바로 나가야 되니까 H대리 일은 오전 중에 제가 대신하겠습니다' 라며 쇼를 했다. 아침부터 둘이서 정신없이 사무실을 뛰어다니며 마치 전쟁이라도 난 것처럼 전화통을 붙잡고 쇼를 벌이고 있으니, 팀장 또한 당황하기 시작했다. 팀장은 그녀에게 즉시 외근을 지시했고 H대리의 정말 급한 일은 오전 중에 내가 대신 맡기로 했다.

11시쯤, 그녀에게 전화를 걸었다. '잘 갔습니까?' 라고 물으니 '응. 김대리 고마워요. 우리 애 너무 귀엽다' 라며 밝게 얘기한다. 전화기 너머 들려오는 아이들의 노랫소리에 내 마음도 맑아진다.

직장인의 연애

입사한 지 2년 차인 후배 K의 인상이 어두웠다. 분명 신상에 어떤 일이 생긴 것 같지만 좀처럼 말이 없다. 출근해서 퇴근할 때까지 한마디도 하지 않고 그저 모니터만 보고 있다. 어찌나 한숨을 내쉬는지 모니터에 입김이 서려 있다. 보다 못해서 술자리로 끌고가 자초지종을 물어봤더니, 아니나 다를까, 최근 결혼까지 생각했던 여자 친구와 헤어졌다고 한다.

'왜 헤어졌는데. 니가 능력이 없나. 직장이 없나' 라며 위로한 답시고 한마디 했더니 '그 놈의 직장 때문에 헤어졌습니다' 라고 한다. 매일 밤 늦게 퇴근하고 주말에도 잔무 때문에 사무실에 나오거나 부족한 수면을 채우면서 보내버리니 여자 친구가 버티지를 못하더라는 것이다. '좀 있으면 나아질거다' 라는 말로 여자 친구를 달래도 봤지만 나아지기는 커녕, 일은 더 많아지고 퇴근시간은 더 늦어지니 자신도 할 말이 없더란다. '당장의 문제보다도 결혼해서도 이 생활이 계속될 것을 생각하면 끔찍하다' 라는 말을 남기고, 여자 친구는 K를 떠났다.

직장 생활을 하면서 실연을 겪는 것은 학생 때보다 두 배는 더 끔찍한 일이다. 당장 마음 달랠 곳도 없고, 눈물로 밤을 새고도 출근은 해야 하기 때문이다. 그러나, 대부분의 직장인들이 한 번씩은 필연적으로 겪는 과정일 뿐, '그게 무서워서 연애도 못하는 나보다는 낫다' 라고 후배를 위로했지만 내 마음도 쓰리다.

시인의 운세

옆에 앉아 있는 P대리에게 '나 요즘 지하철 무가지에 글 써요. 직장인 일기' 라고 말했더니 '웃기지 말라' 며 피식 웃음을 흘린다. 나도 살살 약이 올라서 '진짜라니까요' 라고 말했더니 '안 웃긴다' 라며, 내가 농담하는 줄로만 안다. 하긴 뭐, 평소에 글이라고는 업무 서류만 읽고, 세상과 소통하는 유일한 매체가 스포츠 신문이며, 뉴스는 안 믿어도 오늘의 운세는 믿는 사람들이니, '직장인이 글을 쓴다' 는 사실 자체가 그저 농담으로만 들릴 만도 하다.

O대리는 대학에서 국문학을 전공한 사람이다. 지금은 전공과는 아무런 상관이 없는 일을 하고 있지만 국문과를 나왔다는 사실만으로 그는 사무실에서 '시인' 이라 불리운다. 입사 초기만 해도 소설가 김승옥, 김영하, 김훈 등과 한국문단의 지형도에 대해서 피가 끓도록 강의를 늘어놓았건만, 이제는 그도, 유일하게 읽는 글이 '오늘의 운세' 뿐이다. 언젠가 술자리에서 '예전에는 문학이 나를 위로했지만 이제는 오늘의 운세만이 나를 위로한다' 고 털어놓았다. 세계 최장의 노동시간을 자랑하는 한국의 사무 노동 근로자들은 언제쯤 허황된 석세스 스토리가 아닌, 인문학으로 위로를 받을 수 있을까.

H과장

H과장은 사실 후배 직원들에겐 부담스러운 사람이다. 탁월한 업무 지식과 불도저같은 추진력으로 인해 같은 파트에 있는 후배 직원들은 그 요구와 기대치를 따라가는 것이 자주 버거울 때가 있다. 좀처럼 감정의 변화가 없으며 은빛 안경 너머로 숨어있는 차가운 눈빛은 후배들이 살갑게 말을 건네기 힘들게 한다. 일을 할 때도 후배 직원의 말을 경청하기 보다는 다소 독선적일 정도로 자신의 스타일을 밀어부친다. 그래서일까. 평소 H과장에 대해서 불만이 많고, 동료 직원 중에서도 가장 날선 성격의 K대리가 급기야 술자리에서 사고를 쳤다. 술이 얼큰하게 오르고 술잔이 돌아가던중 H과장 옆에 앉게 된 K대리가 술의 힘을 빌려 목소리를 높였다. '과장님, 우리가 당신 동료입니까. 당신 노예입니까' 분위기는 경직되고 H과장은 말이 없다. K대리는 더욱 흥분하여 '뭐야. 내 말이 말 같지가 않아? 이 자식아!'라며 격렬한 하극상을 일으켰다. 보다 못한 직원들이 K대리를 말렸고, H과장은 K대리를 데리고 술집 밖으로 나갔다. 불안하여 바깥으로 나가봤더니, H과장이 K대리를 넓은 어깨로 푹 안아주고 있었다. '좀 시원하지. 나 혼자만 살려고 했으면 나 이렇게 일 안해. 우리 다같이 살려고 이러는 거야. 미안하다. 미안하다' H과장은 한번도 보지 못한 따뜻한 표정으로 K를 꼭 안은 채 위로하고 있었다. 그는, 어른이었다.

아버지의 시계

추석날. 집에 누워 TV채널을 돌리다 케이블 TV 만화 채널에서 〈마크로스〉라는 만화를 보았다. 그걸 가만히 보고 있자니 갑자기 내 유년이 생각난다.

지방의 화학 공장에서 일하셨던 아버지는 기숙사에서 생활하셨고 1주일에 한 번, 주말에만 집에 오셨다. 고된 공장 노동과 외로운 기숙사 생활에 지친 아버지의 얼굴은 어린 시절의 내겐 꽤나 부담스럽고 무서운 모습이었다. 주말에 집에 오실 때면 동네 비디오 가게에서 〈마크로스〉라는 만화 영화 비디오를 빌려 내게 주셨는데, 그 만화 영화를 반납할 때까지 족히 5번은 돌려봤던 기억이 난다. 주말이면 나는 아버지와 〈마크로스〉를 기다리곤 했다.

언젠가의 어린이날. 집에 오시는 날이 아닌데도 아버지는 밤차를 타고 집으로 와서 내게 어린이날 선물로 시계를 던져 주시고는 그 길로 다시 밤차를 타고 공장으로 돌아가셨다. 그 시계는 가운데에 〈마크로스〉 로봇 그림이 그려져 있는 만화 시계였다. 그날 밤 이불 속에서 나는, 야광은 되는지, 불은 잘 들어오는지, 아버지는 잘 올라가셨는지 등을 생각하며 무뚝뚝하지만, 가늠할 수 없는 부정을 느꼈다. 유년 시절에 대해 남아 있는 기억이란 대체로 만화 영화 주제가와 그 나이로는 설명할 수 없었던 부모님의 고된 뒷모습같은 것이다. 가만히 아버지의 시계를 보니 너무 낡아 있다. 내일은 아버지 시계를 사러 나갈 것이다.

인생 사표

'게릴라 15명. 이런 익명성이 너무 슬프지 않니?' 장 뤽 고다르 감독의 〈미치광이 삐에로〉라는 영화에서 주인공이 읊조린다. 게릴라는 아니지만 직장인도 마찬가지다. 회사 이름으로 자신을 설명해야 하는 사람들. 나를 소개하는 방법으로 내가 다니는 회사 이름을 말하고 '나 OO회사 다녀요'라며 숨어버리는 게 차라리 마음 편한 우리들. 그런게 직장인 아닐까.

버릇처럼 '회사 그만 두고 싶다'라고 말하는 노총각 S대리에게 유부남인 L대리가 충고한다. '회사 그만 뒤도 결혼하고 그만 둬라. 그래도 대기업 다닌다고 하면 결혼은 괜찮은 여자와 할 수 있을 거다' S가 버럭 짜증을 낸다. '내가 아니라 내가 다니는 회사 때문에 나와 결혼하는 여자는 내가 싫다' S는 언제나 자신의 익명성에 대해 강한 거부감을 가진 사람이다. 하지만 지금 다니는 회사 이름 말고는 자신을 설명할 수 있는 단 한 줄의 문장도 찾지 못해 자주 절망하기도 한다.

얼마 전에 개설한 그의 미니 홈페이지에선 회사 이야기를 한 줄도 찾아 볼 수 없었다. 거기서 그는, 불특정 다수의 방문객들에게 회사가 아닌 다른 것으로 자신을 설명해보려 기를 쓰고 있었다. '회사는 사표 한 장이면 정리되지만, 인생에는 사표가 없습니다' 그가 홈페이지에 남긴 말이다. 감동적이다.

회사에 갇히다

각종 신용카드 청구서와 업무 관련 문건들뿐인 여느 직원들의 우편물들과는 달리 K대리의 책상엔 항상 대학 후배들이 보내 온 책자들, 그가 소속된 외부 사회단체에서 보내온 초청문들로 가득하다. 건조하기 짝이 없는 나의 우편물과는 달리, 여전히 세상 어딘가의 누군가와 관계를 맺고 우편을 주고받는 K대리는 내겐 항상 부러운 존재다.

하루 12시간 이상을 사무실에 갇혀 있다 보면 시야가 좁아지고 세계가 단순화되며 내가 어디 있던 사람인지, 예전에 뭐하던 사람인지를 까먹게 되는 경우가 있다. 세계는 사무실로 요약되고 세상의 기운은 사무실 에어콘 바람이 전부가 되어 버리며 결국은 계절도 느끼지 못하고 살게 된다. 사무실엔 봄 여름 가을 겨울이 없다. 회사를 다니는 것은 사회 속으로 나가는 게 아니라 사회 속에 숨어 버리는 것이다.

어제는 새벽 3시까지 술을 마시다가 밤길을 헤치고 극한의 외로움과 술기운 속에서 기억 나지 않는 방법으로 집에 도착하니 (아마 바지 벗고 물구나무 서기를 해서 왔을지도 모를 일이다) 내 방에 핸드폰 사용 청구서가 던져져 있다. 아아, 세상 사람 모두가 나를 잊어도 이동 통신 회사만은 꼬박꼬박 나를 챙겨주는구나. 사람이 외로울 때는 핸드폰 청구서마저도 감동적이다.

두 얼굴

회식 자리의 끝에 남은 남근들은 오늘도 짧은 치마를 입은 여인들을 찾아 자리를 옮긴다. 욕망에도 위아래가 있는 법. 제일 어리고 예쁜 여자는 언제나 부장 옆에 앉힌다. 중년의 부장은 제 딸 또래 되는 여자 아이의 가슴을 주물럭대며 '인생 브라보'를 외치고 있다. 차장, 과장, 대리들은 '남근으로 대동단결하자' 소리지르며 발정난 동료애를 확인한다. 저들 모두, 정성껏 다린 양복을 입고 낮에는 교양과 능력을 갖춘 번듯한 대기업 사원으로서 한껏 자부심을 가지고 살지만, 밤이 되면 '돈을 주고 여자를 사는 일은 나쁜 짓이다' 라는 최소한의 교양마저 포기한다. 이 난잡한 욕망과 돈과 육체의 거래를 그저 모른척, 긍정해 버리는 집단 최면에 걸려 있다.

지난 주말, 회사에서 주관한 가족 체육 대회에 임원의 스무살 된 딸이 왔다. 아버지 회사의 행사이니만큼 나름대로 귀여움을 떨고, 봉사정신으로 무장하여 '아빠의 청춘' 을 불러 임직원들의 귀여움을 독차지하는 그녀. 하지만 그녀는, 제 아빠의 청춘이 제 친구 또래의 브래지어 속에서 숨쉰다는 것을 알고 있을까. 왜 사람들의 욕망은 모두 같은 종류인가. 기형도의 말이다. 슬픈 날.

큰 형님

아침부터 K대리가 팀장에게 '닦이고' 있다. 일 처리에 사소한 실수가 있었는데 K대리가 당최 말이 없는 것이다. 팀장은 주변 사람들이 듣기 민망할 정도로 K대리를 질타하고 있었고, K대리는 정말 한 귀로 듣고 한 귀로 흘려 버리는 듯 아무런 반응이 없다. 사실 평소에 팀장과 K대리는 서로 불편하게 지냈지만 오늘은 이상하게도 K대리가 마치 넋이 나간 사람처럼 굳어진 얼굴로 입을 꾹 다물고 있다. 분명히 신상에 어떤 문제가 있는 듯 했다.

아니나 다를까. 이 날 오후, K대리의 모친이 별세하셨다는 소식이 들려왔다. 워낙 고령이시고 지병을 앓으셨던 분이었는데 어제부터 상태가 급격히 악화되었다고 한다. K대리는 즉시 병원으로 달려갔고 사무실 직원들도 업무가 끝나는 대로 영안실로 달려갔다.

영안실로 가니, 팀장이 가장 먼저 와있었다. 아침 일이 마음에 걸려서일까. 팀장은 팔소매를 걷어 올리고 허드렛일을 하며 장례식장을 진두지휘하고 있었다. K대리에게 형제가 없다 보니 팀장 스스로 그의 큰 형님을 자처하고 나선 것이다. 아침의 그 살벌한 분위기는 오간데 없이, 장례식장에서는 감동적인 형제애가 피어오르고 있었다. '정말 완벽한 공사구분 아니냐' 동료 직원의 말에 우리는 흐뭇한 웃음을 지으며 같이 팔소매를 걷어 올렸다.

귀신소동

사무실에 때 아닌 귀신 소동이 있었다. 워낙 야근이 잦고 퇴근 시간이 늦으니, 마지막까지 사무실에 남은 사람들은 그 큰 빌딩 안에 혼자 갇혀 있다는 생각에 문득 오싹해질 때가 있다. 밤 12시면 옆 건물에서 항상 흰 옷 입은 여자가 우리 사무실을 바라보고 있다거나, 갑자기 복도에서 비명 소리가 들린다거나, 새벽에 이상한 팩스가 들어온다거나 하는 얘기들이 떠돌고 있었지만, 그건 그냥 무섭기 보다는 웃어넘길 만한 얘기들이다. 그런데 이번 건은 좀 다르다. 연일 철야에 시달리던 P대리. 지난 밤에도 밤 12시까지 혼자 남아 일을 하고 있는데 분명히 사람들이 모두 퇴근하고 혼자 있는데 뒷자리에서 계속 키보드 치는 소리가 들렸다는 것이다. 너무 무서워서 뒤도 한번 돌아보지 못한 채 바로 퇴근했다고 한다. 그의 뒷자리는 최근 회사와의 불화로 권고 사직을 당한 K의 자리였으며 지금은 주인이 없어 비어 있는 상태다. P대리의 말이 워낙 진지한데다가 안색까지 변해있는 것을 보고 우리도 머리털이 쭈뼛해졌다. 권고 사직을 당한 K는 특유의 독수리 타법 때문에 유달리 키보드 치는 소리가 큰 사람이었고 그 소리는 우리들 모두가 기억하고 있다.

P대리가 들은 것은 무엇이었을까. 피로로 인한 환청이었을까. 안타깝게 회사를 그만두게 된 동료에 대한 그리움 때문이었을까. 아니면, 자신 또한 언젠가는 책상을 비우게 될지도 모른다는 공포 때문이었을까.

물에 물탄듯
술에 술탄 듯
술에 직장인 탄듯…

수요일

은행 화장실

　낮에 일이 있어 시내에 있는 은행에 들렀다. 깔끔하고 단정하게 차려입은 옷에 은행원 특유의 화사한 표정과 상냥한 대화들이 오가는 그 곳. 번호표를 뽑은 후 잠시 화장실에 들러서 일을 보는데 화장실 문짝에 마치 고속도로 화장실에서나 볼 수 있음 직한 낙서와 그림들이 있어 즐겁게 감상해 본다. 남녀의 성기를 그려놓거나 음담패설을 적어 놓은 것들은 대부분 철없는 고객들의 짓이라고 하자. 내게 흥미있었던 것은 은행 직원들이 해 놓은 듯한 낙서였다. 동료 사무실 여직원에 대한 절절한 짝사랑을 고백해 놓은 모 직원. 그 아래 동료 직원과 고객들이 달아 놓은 응원의 '리플' 들. 혹은 난리를 피우는 고객에게 차마 대놓고 하지 못했던 욕을 적어 놓은 낙서와 그 아래 달려있는 고객의 항의글. 익명 속에서 충돌하는 그 '계급장 떼고' 벌어지는 한 판 승부가 재미있다. 그 중에서도 가장 재미있었던 낙서는 다음과 같다. '팀장. 당신이 인간이냐?' 하하, 이건 우리 사무실 화장실 칸의 절반 이상을 점령하고 있는 낙서와 같은 것 아니더냐. 그 낙서 밑에 '힘내세요! 우리 팀장도 인간 아니에요!' 라고 '댓글' 을 달고 있는 순간 팀장의 전화가 왔다. 순간 당황한 나는 '예! 팀장님' 이라며 필요 이상의 상냥함으로 전화를 받았다. "뭐, 좋은 일 있냐?" 내 말투가 어색한 듯 팀장이 묻는다.

　화장실을 나오니, 동료 직원을 짝사랑하고 고객을 패고 싶어하며 팀장을 욕하던 그 사람들이 여전히 밝고 상냥하게 고객들을 대하고 있다. 그래, 머슴에게도 감정이 있는 법. 문득 은행원들이 귀엽게 느껴진다.

차 막히는 퇴근길

사무실에도 변화의 바람이 부는지, '이제는 제발 인간다운 삶을 살아보자' 라는 몇몇 직원들의 소원 수리가 있은 후 특단의 사정이 없는 한 '야근은 하지 말자' 라는 분위기가 조성되었다. 물론 이 회사는 특단의 사정이 너무 많은 회사라 오래가지 않아 또 철야의 사투가 시작되겠지만 일단 삶의 질에 대한 직원들의 각성이 시작되었다는 점에서 고무적인 일이 아닐 수 없다.

오늘은 오후 6시 30분에 저마다 특단의 사정을 뒤로 하고 모두가 퇴근길에 올랐다. 입사 이래 계속된 잔무와 야근으로 지쳐 있던 신입 사원 H도 입이 귀까지 걸렸다. '대리님, 저 6개월만에 처음 평일 저녁에 여자 친구 만납니다' 라며 사무실 복도를 뛰쳐 나간다. 나 역시 오랜만에 친구와 약속을 잡고 시내로 나가는데 차가 많이 막힌다. 이럴 수가! 길거리에 꼬리를 물며 늘어선 차량의 행렬, 이것이 말로만 듣던 '러시아워'의 장관이란 말인가! 매일 차없는 밤거리를 홀로 쌩쌩 다니며 퇴근하던 나로서는, 남들처럼 같은 시간대에 퇴근하여 차가 막힌다는 사실마저도 감격적이다. 아니나 다를까. 이번 정시 퇴근 제도에 총대를 매고 나서주었던 K대리에게서 전화가 온다. '김대리, 보입니까 차가 막힌단 말입니다! 너무 감동적이지 않습니까! 핫핫핫' 차 막히는 퇴근길. 우리들의 소원이란 단지 그런 것이었다.

세상 좋아졌다

한영식(가명) 할아버지. 외진 시골에서 혼자 농사를 짓고 사시는 그는, 얼마 전 자녀가 사는 도시를 방문했다가 작은 교통사고를 당했다. 특별한 후유증이 없고 건강에 차도가 있어 전화로 보험금 60만원을 지급할 것임을 통보했다. 은행 계좌번호만 불러주면 바로 입금 시켜 드리겠다고 했지만 기어이 아픈 몸을 이끌고 그 먼 시골에서 도시로 오시겠다고 한다. 힘들게 오시면서 차비 낭비할 필요없이 계좌번호만 알려주면 입금 해 드리겠다고 아무리 설명을 해도 할아버지는 본인이 직접 담당자를 만나서 확인을 해야겠다고 하신다. '어떤' 사람들한테는 하룻밤 술값도 되지 않을 60만원 때문에 산 넘고 물 건너 차를 갈아타며 오실 할아버지를 생각하니 다소 애처롭기도 하다. 삼복 더위를 뚫고 기어이 사무실을 찾아오신 할아버지께 냉커피를 대접했더니 자신은 이런 걸 '마실 줄 모르니' 시원한 냉수나 한잔 달라고 하신다. 냉수를 드리고, 내 차로 고속버스 터미널까지 할아버지를 모셔다 드렸다.

얼마 전 한 여중생이 전기세 80만원을 내지 못해 단전이 되자, 촛불을 켜놓고 공부하다가 질식사했다는 뉴스가 있었다. '어떤' 사람들이 하룻밤 술값으로 날리는 돈 때문에 몇 십리를 찾아오시는 할아버지가 있고, 그 돈이 없어서 죽음을 맞이한 여중생도 있다. '세상 좋아졌다'는 말은 함부로 하면 안 된다.

P대리

평소 순진하고 숫기 없기로 유명한 P대리는, 밤의 회식 자리에서는 상사들의 귀여움을 독차지 한다. 술은 약한데도 상사들이 주는 소주를 맥주잔으로 원샷해 버리는 일은 보통이며 2차, 3차, 술자리를 주선하는 것도 언제나 그의 몫이다. 가끔 '돈으로 욕망을 사는' 술집으로 상사들을 데리고 가서 끝까지 '서비스'를 챙기기도 한다. 상사들에 대한 태생적인 반감과 술자리 문화에 대해 견딜 수 없는 거부감으로 가득찬 내 입장에서는 P대리가 그리 곱게 보이지 않은 것도 사실이었다.

매일 술독 오른 몸과 나빠진 건강으로 아침마다 약을 복용하는 그를 보고 '뭘 그렇게 아득바득 사나요? 술도 별로 안 좋아하면서' 라고 말하니 '먹고살려고 그러지, 뭐' 라며 엷은 미소를 짓는다. 흔히 하는 말인데도 오늘은 왜 이렇게 저 말이 슬프게 들리는지 모르겠다.

'먹고살기 위해서 불가피하게 더러워지는 인간이 아름답다' 소설가 김훈이 인터뷰에서 한 말이다. 이 인터뷰를 읽으며 나는 하루 종일 P대리를 생각한다. 상사에게 불만만 많고 가끔 도를 넘는 음주문화에 뒤에서 투덜대기만 하는 나보다는, 온 세상의 추잡한 욕망속에서 불가피하게 더러워진 당신의 삶이 아름다워 보인다. 먹고살자고 하는 짓은 아름답다.

부처님

사람이 너무 착하거나 너무 순하면 그를 쉽게 생각해 버리거나 혹은 기어이 '잡아먹어' 버리려는 게 경쟁 조직의 생리다. 세상에서 사람 좋기로 말하자면 국가 대표인 K대리. 겉보기에는 딱히 경쟁이나 실적에 대한 의지를 보이지도 않고, 자신이 챙기는 것 보다 다른 직원에게 양보하는 것이 훨씬 많으며 사람에 대한 연민이 필요 이상으로 많아 직장 생활 6년간 위아래로 싫은 소리 한마디 못하고 살아온 사람이다. (그의 별명은 '부처님'이다)

그래서일까. 후배 직원이 보기엔 그는 직장에서 완전히 동네북이다. 상사들이 그를 나무랄 땐 마치 무생물을 대하듯 여과없는 비속어들을 쏟아낸다. 다른 부서의 직원들도 사람좋은 K가 부탁한 업무 협조는 항상 뒷전이다. 가끔은 후배들 또한 그에게 버릇없이 대할 때가 있다. 보다 못한 내가 한마디 한다. '대리님, 사람이 너무 순해 보이니까 사람들이 너무 막 대하잖아요. 경쟁 사회에서는 가끔 성질을 부려줘야 사람들이 함부로 못 해요' 라고 말하자 예의 부처님같은 답변이 돌아온다. '그건 우스운 일이지요' 그의 얼굴에 약 1초간 부처님의 미소가 감돈다 '강자에게 약하고 약자에게 강한 단체는 사람의 조직이 아니라 짐승의 무리일 뿐입니다.' 착한 사람들은 가끔 영악한 사람들의 머리 꼭대기에서 그들을 인자하게 내려다본다.

가짜 마초

사무실 동료들의 '액션'은 크게 위선적인 것과 위악적인 것, 두 가지로 나뉜다. 흥미로운 것은, 내 관찰에 의하면 위선적인 동료들보다는 오히려 위악적인 동료들이 더 많다는 사실이다. 실적과 경쟁이 지배하는 사회이니 누군가가 '선하다' 혹은 '착하다'는 것은 직장 상사들의 마음을 움직이는 중요한 지표가 되지 못한다. 오히려 왠지 모르게 표독해 보이고, 집요해 보이며, 사회생활이 용인하는 적당한 타락을 즐길 줄 아는 자가 '일도 잘 하고 놀기도 잘 하는' 직원으로 인정받는 경우가 많다. 그래서일까, 회사원들은 은근히 자신의 타락과 방종을 자랑삼아 얘기하기도 한다.

K대리는 내 보기엔 둘도 없이 순진한 사람이지만, 그는 끊임없이 자신이 '술 먹고 저지른' 타락들에 대해 무용담을 늘어 놓는다. 혹은 사무실내 마초들의 뒷담화에도 절대 빠지지 않고 자신의 마초성을 드러내려 안달을 한다. 자신이 순진하지만은 않다는 것을 동료 마초들에게 시위하고 싶은 것이다. (내 보기엔) 가끔은, 없는 '타락'까지 만들어내서 얘기하려는 모습을 보면, 옆에서 지켜보는 내 마음은 그저 불편하다. 사람은 못 되도 괴물은 되지 말자 했던가. 선(善)하지는 못할 지언정, 악(惡)을 흉내내서야 되겠는가. 밥벌이를 위해 사회생활을 하고 있지만 그것에 우리의 영혼을 저당잡힐 것까지야 없지 않나. 똥을 네 똥구멍보다 높게 싸려고 하지 마라. 비트겐슈타인의 말이다.

C대리

최근 들어 부쩍 회사에 대한 불만을 털어놓던 C대리. 원래 좀 말이 많고 '액션'에 능한 사람이지만 최근엔 옆에서 보는 사람이 조마조마할 정도로 말과 행동이 지나치게 강성이었다. 급기야 의견이 맞지 않던 상사와 거의 하극상에 가까울 정도로 노골적인 말다툼을 하더니 그 자리에서 사표를 던졌다. '내가 뭐 여기 아니면 먹고 살 데가 없는 줄 아는가!' 의외의 상황에 동료 직원들은 조용히 관망만 할 뿐이었지만 '뭐 여기 아니면 먹고 살데가 없는' 우리들로서는 C대리의 놀라운 하극상에 은근히 통쾌해 하고 있었다. 우리가 하고 싶었던 말을 다하며 모든 직장인의 로망인 사표를 드라마처럼 제출하며 C대리는 사무실을 떠났다.

그러나 C대리가 떠난 다음 남아있는 사람들의 마음은 허탈함 뿐이었다. 그가 업계 상위 회사로, 더 좋은 조건으로 스카웃 되어 갔다는 사실을 알았기 때문이다. 그래, 믿을 구석이 있으니까 저렇게 '개기고' 나갈 수도 있는 거겠지. 스카웃 될 일도 없고, 다른 직장을 알아보기엔 나이가 많고, 사업을 하기엔 돈과 용기가 없는, 한 마디로 이곳이 생존을 위한 최후의 보루인 사람들은 C대리가 부럽기도 하고 얄밉기도 하다. 남은 사람들이 할 일은 그가 쑥대밭으로 만들어 놓은 사무실 분위기를 추스르는 것과, 다시 복종에 익숙해지는 것뿐이었다.

건강보험증

　이러저러한 이유로 회사에 입사한 지 처음으로 나의 회사 건강보험증에 부모님 이름이 올랐다. 그리 건강하지 않은 몸에도 '사람은 일해야 한다'며 법정 최저임금을 주는 직장에 억척스럽게 다니시던 어머니가 드디어 회사를 그만두시며 가족의 의료보험이 내 직장으로 돌려진 것이다. 내 이름 밑으로 어머니, 아버지의 이름이 찍혀 있는 건강보험증을 받으니, 첫 월급을 받아서 부모님께 용돈을 드리던 그때와는 또 다른 종류의 뿌듯함이 느껴지는 것이다. 뭐랄까, 이제는 정말로 부모님이 나의 보호 아래로 들어왔구나, 싶은 생각이 든다. 새로 나온 건강보험증을 받은 날, 이상한 책임감에 쌓인 나는 기념으로(?) 야근을 하고 왔다.

　나이 서른이 되도록 여태 부모님과 함께 살고 있는 나. 아직 아침엔 부모님이 깨워 주어야 일어나고 밥과 빨래는 여전히 어머님이 해 주신다. 성인으로서 믿음직함을 주기보다는 한 부모의 자식으로서 아직도 응석을 부리는 것에 익숙하다. 회사 동료는 아직 내게 '성인'보다는 '자식'의 이미지가 더 강하다,라며 농담을 던진다. 싫지 않은 말이다. 새로운 가정을 꾸리는 것 보다는 지금의 가족을 지키는 것이 내겐 더 중요한 일이기 때문이다. 가능한 오래, 나는 누군가의 아버지가 아닌 그들의 자식이고 싶다.

아아 근로기준법

연일 계속되는 야근. 직원들의 피로는 쌓여가고 정신적 인내의 한계도 끝이 보인다. 이 와중에도 군소리 없이 묵묵히 모니터와 서류를 보며 사투를 벌이는 직원이 있고, 줄담배를 피워대며 원성을 늘어놓는 직원도 있다. 입사 3년 차인 K는 계속해서 혼잣말로 '아아 근로기준법, 아아 근로기준법, 아아…'를 중얼거리고 있다. 급기야 인터넷으로 법정 근로시간이 '주 44시간'이라 나와있는 근로기준법 조항을 검색해 직원들에게 읽어준다. '단 하루라도 근로기준법의 보호 아래에서 살고 싶다'라며 농담 반, 진담 반의 절규를 늘어놓는다. 우리는 모두 '사무실에 전태일 나셨군'이라며 웃어넘긴다.

물론 회사가 야근을 강요하지는 않는다. 회사가 강요하는 것은 실적과 경쟁이다. 실적을 창출하고 경쟁에서 살아남기 위해서는 '법정 근로시간'으로는 불가능하다. 살인적인 경쟁과 생존을 위한 사투가 벌어지는 사기업에서 근로기준법 운운하는 것은 성숙하지 못한 '엄살'로만 치부된다. '근로기준법은 유치한 응석이 아니라 우리의 성숙한 권리에요!'라고 항변하는 K도 집에서 9시 뉴스를 못 본지 몇 달이 되었다.

그래, 누군들 근로기준법을 검색해 보지 않은 자가 있겠는가. 허나, 법 위에 있는 것이, 사랑하는 아내와, 토끼같은 자녀와, 나의 생존인 것을.

호사가 원하는 건
끝없는 변신
죽을 힘을 다해
스스로를 가둔 껍질을
깨고 나와 봐야
여전히 새장 속
인생.

이종격투기

사무실 남자 직원들 사이에서 최고 인기스포츠는 K-1 이라 불리는 이종격투기이다. 워낙 퇴근이 늦으니 집에서 볼 수 있는 스포츠가 케이블 TV로 줄창 반복 방송해 주는 K-1 밖에 없기 때문이기도 하겠지만, 화려한 킥과 사생결단의 격투가 하루 종일 '분노와 폭력'의 본능을 숨기며 스트레스에 시달린 직장인들에게 더할 수 없는 대리만족을 가져다 주기 때문일 것이다. 직원들에게 가장 인기 있는 격투기 선수는 '레미 본야스키'라는 흑인 파이터인데, 화려한 테크닉과 깔끔한 매너 때문이기도 하지만 그가 불과 몇 년전까지만 해도 평범한 은행원이었다는 사실이 직원들에게 이상한 쾌감을 주는 모양이다. 본야스키처럼 날아올라 나를 괴롭히는 놈들에게 강력한 하이킥을 선사하고 싶은 것은 거부할 수 없는 우리들의 욕망이다. 그래, 차라리 저렇게 대놓고 싸워볼 수만 있다면, 설사 지더라도 억울하지는 않을 텐데. 하루 종일 수차례 정신적인 로우킥을 당한 후 쓰러지기 일보 직전에야 공이 울리며 퇴근하는 우리들로서는 평범한 직장인 출신 본야스키의 KO패마저도 부러울 지경이다.

지난주, 절친한 K대리와 나는 같이 사무실 주변에 있는 권투 체육관에 등록을 했다. '다이어트 할 생각 없고, 권투선수 될 생각도 없으니, 사람 없을 때 샌드백이나 실컷 두들기게 해 주세요.' 우리 둘이 체육관 가입신청서 '기타' 란에 기재한 말이다.

바위처럼

오후 즈음, 대학 동창에게 연락이 와 오랜만에 모교의 캠퍼스에 가 보기로 했다. 오랜만에 간 학교의 중앙도서관은 여전히 취업을 준비하는 학생들로 가득하다. 말 그대로 '대란'을 치르고 있는 그들. '대학생들의 가장 큰 비극이 뭐냐면, 자신이 지금 얼마나 행복한 시절을 살고 있는지 전혀 느끼지 못한다는 거야.' 대학을 떠난 지 수년이 지나 사회에서 또 다른 '대란'을 치르고 있는 우리는 이상하게 그들에게 '주제넘은' 연민이 느껴진다.

학교의 한 켠에서는 '바위처럼'이라는 노래에 (신입생으로 보이는) 몇몇 학생들이 율동을 맞추고 있다. 보고 있으니 이상하게 눈물이 그렁그렁한다. '바위처럼'을 들으며 토끼처럼 깡충깡충 뜀을 뛰고 율동을 하던 나의 스무살 시절에는 이 노래가 이렇게까지 감동적일 줄은 차마 몰랐다. 다들 어디로 갔을까. 그때, 면티 한 장, 싸구려 청바지 하나 걸치고 귀여운 손짓들로 즐겁게 '바위처럼'을 부르던 사람들. 생계에 절망하고, 가정에 안주하고, 연봉에 목매고, 주식에 빠지고, 신차 구입에 고민하며 살 수도 있겠지만 다들, 이 노래의 가사만은 잊지 않으며 살고 있었으면 좋겠다. 그래서 언젠가 우리가 만났을 때 다시금 신나게 춤추며 부를 수 있었으면 좋겠다. 바위처럼 살아가보자. 모진 비바람이 몰아친대도.

바로 그 말

사회학과를 나온 C대리는 (그의 말을 빌리자면) 대학 때 한 가닥 했던 인물로서 마르크스와 레닌 등의 '불온한' 저자들의 책을 탐독했던 '저항세력'이었다고 한다. 당시에는 나름대로 '사회주의자'였다고 고백하는 C대리는, 그러나 군대 시절 국방부에서 개최한 '반공' 표어 대회에서 최우수상을 수상하여 국방부 장관의 명으로 포상휴가를 나오기도 했다. 그런 C대리가 이번엔 회사의 캐치프레이즈 공모에서 최우수상을 수상하여 사장님의 이름으로 4박 5일간의 태국여행권을 따냈다. 그는 내 생각에 세계에서 표어를 제일 잘 짓는 사람이며 군대와 거대기업을 제 손안에 쥐고 흔든 몇 안되는 '거물' 중의 하나다.

근데 사실 그가 지은 표어나 캐치프레이즈가 뭐 그리 대단히 뛰어나다는 생각은 들지 않는다. 어찌보면 너무 평범하고 모범적인 내용이라 되도 그만 안 되도 그만,이라는 생각이 들 법도 하다. 결국 내 생각에 그는, 글재주가 뛰어난 사람이라기보다는, 심사위원단이 무엇을 원하는지를 정확히 꿰뚫어보는 능력이 있는 사람이다. 제 본심이야 사회주의자이건 저항세력이건, 군대나 회사가 요구하는 '바로 그 말'을 정확히 해주는 사람. 오늘 문득 바라본 C대리의 얼굴이 참 천연덕스러워 보인다. 거짓말을 하면 얼굴에 바로 표가 나버리는 나로서는 그럴 능력도 없구나.

30개월 할부 새차 구입

신입 사원 H가 새 차를 구입했다. 놀라운 것은 고가의 중형 차라는 사실이다. 입사한 지 채 몇 달도 되지 않아 모아 놓은 돈도 없을 텐데, 혹시 갑부집 아들인가? 싶은 생각도 했지만 이렇게 힘든 회사에서 저렇게 열심히 끙끙대며 일하는 모습을 보면 H가 갑부집 아들은 아닌 것 같다.

H가 원래 차에 대한 관심이 많기도 하였지만, 2천만 원이 넘는 새 차를 30개월 할부로 덜렁 구입해 버린 그의 이유가 재미있다. 호탕한 성격에 사람들과 잘 어울리고 술을 좋아하는 H의 성격상, 그의 여자 친구가 보기엔 어차피 돈을 모을 만한 인물은 못 되니 '차라리 빚을 져라'고 했단다. H 또한 이제 막 시작한 직장 생활 중 힘든 고비가 오더라도 스스로에게 직장 생활을 강제하고 회사를 오래 다닐 동기를 부여하기 위해 30개월 치의 빚을 지는 방법을 택했다고 한다. H가 말한다. '어차피 한번 가는 인생, 돈 때문에 전전긍긍하고 싶지는 않습니다' 매일 통장 잔고를 확인하고 적금과 재테크에 온신경을 집중하는 것은 돈을 늘리는 일일지는 몰라도, 돈을 극복하는 일은 아니다. 사고 싶은 것, 하고 싶은 것을 위해 당당하게 빚을 지는 일은, '돈은 항상 모자라겠지만, 최소한 돈을 비웃을 수 있다'라는 게 그의 지론이다. 어떤 게 옳은 일인지는 모르겠지만 확실히 H는 돈이 없어도 당당하다.

오리처럼

야근을 마치고 같이 남아 일하던 사무실 후배 K와 맥주 한잔 마시러 갔다. 사무적인 얘기들로 시간을 때우다가, 술이 좀 오르자 '선배, 재미있는 얘기 좀 해 봅시다' 라는 K의 제안에, 본격적인 수다-배틀이 시작되었고, K가 알지 못하는 나의 몇 가지 사적인 비밀을 털어 놓았다. 회사 사람 아무도 눈치 못 채고 있던 나의 연애 이야기, 회사 입사 전 집에 소개시키기도 했던 오래 전의 여자 친구가 결혼한다는 소식에 마음 싱숭생숭한 이야기, 최근 사생활에서 이리저리 꼬이는 일들이 많아 매일 집에서 벽보고 하던 얘기들을 K에게 늘어놓으니 나도 신이 났다. K 또한 자신의 여러 가지 비밀을 내게 털어놓았는데, 오래 전 회사를 그만둔, K의 동기이자 나의 후배였던 H와 최근까지 물밑 연애를 해왔고 그와 헤어지고 나서 그의 친구와 다시 연애를 시작했다는 얘기를 듣는 순간, 1년을 넘게 같이 지내면서 어떻게 그걸 몰랐을까, 싶을 정도로 내 입장에서는 다소 쇼킹할 수밖에 없었다. 소문이 사실로 확인되는 순간, 나는 마침내 알아버린 동료의 비밀에 또 신이 났다.

'사람들이 참 무던하게 회사 다니는 것 같지만 다들 비밀스럽게 아닥바닥거리며 사는구나' K와 나는 폭발하는 비밀의 폭로에 서로 신이 났다. '사람들 사는 게 다 오리같지 않냐? 겉으로 보면 멀쩡하게 물 위에 둥둥 떠 있는데 물밑으로는 안 가라앉으려고 발을 방정맞게 흔들고 있잖아.' 다소 쌩뚱맞은 '오리론'에 우리는 동의할 수밖에 없었다. 가느다란 실이 서로를 가로지르고 촘촘히 짜여서 단단한 실뭉치를 이루어 내듯이, 직장인들도 여러 가지 비밀들로 서로가 서로를 엮고 엮이며 거대한 비밀의 덩어리인 관계를 이루고 있다. 직장인들이 다 똑같이 산다구? 천만의 말씀. 비밀은 그 방정맞은 오리의 발놀림에 있다. 직장 생활의 진수는 바로 그 물밑 이야기들이다. 그 안에서 구체적으로 생활을 할 때는 괴롭지만, 한발만 물러나 보면, 회사는 참 재미있는 곳이다.

정규직 비정규직

회사의 전체 회식이 있던 날. 즐겁게 술을 마시고 자유롭게 얘기가 오가던 중 한 쪽 구석에서 갑자기 고함소리가 들리고 술잔이 깨지는 소리가 들린다. 멀리서 바라보니 K대리와 C사원이 술이 거나하게 되어 주먹다짐 직전까지 가 있고 주변에 있던 동료 직원들이 그들을 뜯어 말리고 있다. 일촉즉발의 상황이 지속되고 급기야 간부급 상사들이 와서 둘을 떼놓고서야 상황은 일단락되었다. 옆에 있던 직원에게 싸운 이유를 물어봤더니, 정규직인 K대리와 비정규직인 C사원 사이에서 자신들의 회사내 입지에 대한 얘기가 오가던 중 감정이 격해지며 싸움으로 커진 것이라 한다. 술자리에서는 자주 이런 일들로 직원들끼리 '폭발'이 일어나곤 한다. 비정규직은 정규직에 비해 대우를 제대로 받지 못하니 억울하고 정규직은 마치 정규직으로 입사한 것 자체가 원죄인 듯 비정규직 직원들의 불만을 고스란히 듣고 있어야 하니 그 나름대로의 애환이 있는 것이다.

예전 같았으면 '술버릇' 운운하며 당사자들을 탓하겠지만 이제는 나도 그들의 '폭발'을 이해하게 된다. 속에 꾹꾹 숨기고 사는 애환들. 술기운이라도 빌어 폭발시켜야 그나마 숨 좀 쉬며 살지 않겠는가. 몸 다치지 않는 수준까지는 얼마든지 싸웠으면 좋겠다. 그렇게라도 서로 시원하게 화풀이 할 수 있다면, 그걸 제일 잘 이해하는 사람들끼리 서로 싸웠으면 좋겠다. 그래야 화해도 빠르다. 열심히 일하는 우리가 뭔 죄인가. 세상이 죄지.

그걸 왜 집에 가져가…
들어와서 여기 놓고 가라니까…

비정규직 후배

　대학 여자 후배인 K에게서 전화가 왔다. 옳고 그른 것이 분명하고 어지간한 남학생보다 훨씬 강성이며 똑똑하던 후배다. 하지만 왠지 전화 목소리가 의기소침하다. 전화로 한숨만 푹푹 내쉬길래 '무슨 일 있냐'고 물었더니 고민을 털어 놓는다. 대학 졸업반으로서 졸업 전에 프리랜서(라고 하지만 그냥 비정규직)로 취직한 후배. 여직원이 많지만 회사의 수뇌부는 대부분 남성들이라고 한다. 문제는 역시나 술자리이다. 신입 여직원들이 돌아가면서 남성 과장들과 '술대결'을 해야 했단다. 그것까지야 여자 신입 사원들의 전통이라 하니 그냥 넘겼는데 2차로 간 노래방에서 술이 잔뜩 된 남자 과장 한 명이 자신을 뒤에서 번쩍 들어올리더라는 것이다. 본능적으로 화를 냈더니 과장의 말이 더 가관이다. "뭐야, 왜 화를 내?"

　대학 시절, 세상에 대한 희망과 상식에 대한 믿음이 졸업 후 생계의 문제로 구체화될 때 일어나는 충돌. 가뜩이나 취업하기 힘든 시절에 프리랜서로서 이제 막 경력의 첫 발을 내디딘 후배가 울먹이며 말한다. '선배, 과장한테 대들까요?' '비정규직' 후배에게 나는 선뜻 '그래'라고 말하지 못했다. 내게 후배가 또 묻는다. '선배도 회사에서 그러나요?' '아니'라고 대답할 자신이 없다. 내가 기억하지 못하는 나의 범죄에 대해 나는 알지 못한다. 전화를 끊고 담배를 문다. 사회생활하는 선배로서 제대로 된 덕담 한마디 할 수 없는 내가 한심한지, 덕담만으로 살아갈 수 없는 세상이 한심한지 모를 일이다.

졸업 동기 L

퇴근길에 우연히 대학 졸업 동기 L을 만났다. 모 제조업체 영업 파트에서 근무하며, 밝고 명랑하고 씩씩하던 동기다. 오랜만에 근처 술집에서 소줏잔을 돌리기 시작했다. 무용담을 즐겨 늘어놓던 놈답게 소주가 들어가자마자 직장에서의 '야사'와 졸업 동기들의 근황에 대해 늘어놓는다. 누구는 속칭 '안마방'에 중독되었다더라, 누구는 모 룸살롱의 VIP라더라, 누구는 하룻밤 술값으로 100만원을 뿌렸다더라, 결혼한 누구는 바람을 핀다더라, 별로 재미없고, 듣기 싫은 얘기들로 L은 침을 튀긴다. L은 대한민국 밤의 문화에 자연스럽게 녹아 들어간 대학 동기들이 자랑스러운 모양이다. 듣고 있자니 (마초에도 국가 표준이 있다면) 다들 'KS마크'가 찍힌 국가 대표 마초들로 무럭무럭 성장해가고 있었다. 대학을 졸업한, 씩씩하고 적극적이고 신체 건강한 남자들이 씩씩하고 적극적이고 건강하게 살아가기에, 대한민국 밤의 문화엔 아직 문명의 시대가 밝지 않았다. 결국 우리가 사회생활에 적응한다는 것은 낮의 업무에서 오는 정신적 인내와 밤의 술자리에서 이어지는 육체적 향연에 적응한다는 것이 아닐까. 문득, 낡은 남방과 싸구려 면바지를 입고 커피 한잔을 마시며 중앙도서관 앞 계단에 앉아 미래를 얘기하던 대학 졸업반의 그들이 그리워지는 날이다. 우리들의 미래는, 이런 게 아니었던 것 같은데.

설문 조사

　회사 홍보팀에서 설문 조사가 있었다. 직원들의 회사 생활 전반에 걸친 실태를 파악하고 직장 내 '삶의 질'에 대한 조사를 위해 몇 가지를 물었다. 약 30개 정도 되는 문항이었지만 답을 작성하는 데 5분을 넘기는 직원은 없었다. 물론 설문 조사는 익명으로 진행되었지만, 회사의 복지와 운영을 묻는 질문에 대부분의 직원들은 '매우 좋음'이라는 항목에 체크를 했으며 직장 내의 불만 사항을 묻는 질문에는 대부분 '전혀 없음'이라는 항목에 체크를 했다. 정확히 말하자면, 설문 문항을 제대로 읽은 직원도 거의 없을 것이다. 얼마 전 한 대외기관의 직장 생활 설문 조사에서 격렬한 사표 욕망과 이직에 대한 열정을 드러냈던 P 대리 또한 사내 설문 조사에서는 순한 양이 되어 있었다.

　저녁에 있던 술자리에서 직원들과 오늘의 설문 조사에 대해 얘기를 나눴다. 우리들의 화제는 도대체 설문 조사를 왜 하는가, 라는 것과 왜 우리는 솔직하게 답하지 못하나, 라는 것이다. 익명으로 진행되는 설문임에도 회사에 대한 불만을 선뜻 얘기하지 못하는 뿌리깊은 자기 감시와, 그렇게 말해 봐야 바뀔 것이 하나도 없을 거라는 오래된 불신들이 토해진다. 아마 홍보팀에서는 설문 결과를 토대로 사보를 통해 즐거운 직장 생활에 대한 밝은 기사를 써낼 것이지만, 그걸 믿을 직원은 얼마 되지 않을 것이다. 언제쯤 이 악순환을 끊을 수 있을까.

우리는, 신입 사원이 아니니까

신입 사원 K가 입사한 지 한 달만에 사표를 냈다. 처음 사무실에 발령을 받아 우렁찬 목소리로 인사를 하며 신입 사원다운 액션을 보여준 지 꼭 한 달만에 그는 사무실을 떠났고 들은 바로는 더 좋은 조건의 다른 회사로 옮겨 갔다고 한다. 일이 적성에 맞지 않거나 조직의 분위기가 자신이 꿈꾸던 곳과 다르다고 느꼈을 때, 최대한 빠른 시간 안에 진로를 변경하고 인생의 방향을 수정한 것은 아주 용기있고, 잘한 일이라고 생각한다. 이런 경우는 종종 봐왔으니 동료 직원들 또한 당황하지는 않았다.

하지만 문제는 다른 것이다. 사표를 내던 날, 신입 사원 K가 했던 말에 못내 마음에 쓰인다. '한 달쯤 해 보니까 도저히 제 적성과 맞지 않더군요. 스스로 비전을 찾지도 못했습니다. 야근도 많고 분위기도 너무 경직되어 있어서 마침 다른 직장에 합격한 김에 회사를 옮기게 되었습니다.' 구구절절 '옳으신' 말씀이지만, 그 말을 전해 들은 직원들의 마음은 착잡하기 그지없었다. 누군가가 비전을 찾지 못하고, 야근이 많다고 투덜거리고, 경직된 분위기에 실망하며 떠나버린 그 일을, 제 가족의 생계를 걸고, 인생의 전부를 바치며 죽을 힘으로 숨죽인 채 하고 있는 우리들. 그러나 기분 나빠할 틈도 없이 모두들 다시 아무 일도 없었다는 듯 업무에 전념하기 시작한다. 우리는, 신입 사원이 아니니까.

똥퍼 아저씨

직원들과 술자리에서 얘기를 하다가, '지금은 없어져 버린 직업'들에 대해 떠올리기 시작했다. 모두에게 가장 쉽게 생각나는 것이 역시 '버스 안내양'이었는데, 내게 갑자기 생각난 것은 속칭 '똥퍼요'라 불리며 똥지게를 옆에 지고 구멍이 숭숭 뚫린 샌들을 신고 동네방네 가가호호를 누비며 재래식 화장실의 똥을 퍼내던 그 아저씨들이었다. 이유는 알 수 없지만 그 때 아이들은 동네에 '똥퍼요 아저씨'와 '소독 아저씨'가 나타나는 날이면 마치 피리부는 사나이를 따라가듯, 그 뒤를 졸졸 따라다니며 노래를 부르곤 했었다. 어린 시절, 아버지가 '똥퍼요'이던 반 아이를 놀려댄 건, 아무리 많은 것들이 용서되는 유년시절이라 하더라도 내겐 씻을 수 없는 부끄러움이다.

사무실 동료들과 얘기를 하다 보니, '산지기 아저씨', '칼갈이 아저씨', '우산 고치는 할아버지' 등 지금은 없어져 버린 직업들이 하나둘씩 모두 생각나기 시작했다.

한국의 70~80년대의 풍경을 찍은 한 사진전에서 힘겹게 똥지게를 메고 가던 '똥퍼요' 아저씨를 찍은 사진을 본 적이 있다. 생의 가장 밑바닥에서, 가장으로서 책임을 다하며 자식놈 필통 하나 사주려고 조용히, 묵묵히, 똥을 푸고, 칼을 갈고, 우산을 고치며, 하루 종일 버스를 타시던 우리들의 아버지, 어머니들. 다들 행복하게 살고 계신지요.

천재와 미숙아

올해 8살 된 '천재 소년'이 대학에 합격했다하여 세상이 떠들썩하다. 이래저래 신문 기사를 찾아봤더니, '기특하다'라고 말하기에도 부족한, 뭔가 특별한 구석이 있는 아이였다. 사무실 동료들과 한참 이 천재 소년의 이야기를 주고받던 중 K대리가 한마디 툭 던진다. '그 아이는 아마 우리처럼 살진 않겠지?' P대리가 말을 받는다. '국가와 사회가 나서서 응원해 주는 천재가 우리 같은 월급쟁이로 하루하루 '쪼이기야' 하겠나.' 이런, 서른이 훌쩍 넘은 어른들이 8살 아이를 질투하고 있다.

대화가 점점 엉뚱한 방향으로 진전된다. '그런데, 사실 우리도 학교에서 시키는 대로 하고, 하지 말라는 건 안 하면서 살았잖아. 근데 왜 이렇게 먹고사는 게 힘드냐', '우리 나라에서 시키는대로 하고, 하지 말라는 거 안 하면 될 수 있는 게 딱 월급쟁이잖아' 급기야 대화는 교육제도의 문제로 나아간다.

특별한 재능이 있는 아이들을 응원해 주는 건 당연한 일이다. 하지만 이미 그 나이와 상관없어진 지금의 내 입장에서는 8살에 대학에 합격한 천재 소년보다는 서른 살에 초등학교 교육을 다시 받기 시작했다는 조폭의 이야기가 훨씬 감동적이다. 8살의 천재와 서른 살의 미숙아, 둘이 보는 교과서는 다르겠지만, 삶에 대한 둘의 의지는 우열을 가릴 수가 없을 것이다.

컴맹 대리

P대리는 소문난 컴맹이다. 컴퓨터가 정상 작동되지 않을 때 P대리가 할 수 있는 일이란 코드가 빠진 건 없는지를 샅샅이 뒤진 후 컴퓨터를 껐다가 다시 켜는 게 전부다. 그는 컴퓨터를 껐다가 다시 켜면 모든 일이 해결될 거라 믿고 있는 사람이다. (실제로 P대리의 민간요법이 해결하는 오류들이 종종 있다) 컴퓨터를 껐다 켜도 문제가 해결되지 않을 땐 P대리는 울상을 하며 쟁쟁한 신입 사원 '도사'를 찾아다닌다. 업무는 잘 몰라도 컴퓨터에 관한한 웬만한 자격증은 가지고 있어 타의 추종을 불허하는 신입 사원 K는 사무실의 주 업무 중 하나가 P대리 컴퓨터를 A/S하는 일이다. 이건 IP주소가 맞지 않고 저건 프린트 포트가 틀리고, 하나씩 설명해 줘도 P대리에겐 쇠귀에 경읽기다. 말 그대로 흰 건 키보드고 검은 건 모니터일 뿐인 P대리. 우리의 의문은 '도대체 회사는 어떻게 들어온 것일까' 라는 것이다. 농담삼아 P대리에게 질문을 던지면 그는 항상 '몰라. 입사할 때 컴퓨터는 하나도 못 한다고 했고, 대신에 일은 정말 열심히 할 수 있다'고 했단다. 하긴 그는 정말 일을 열심히 한다. 컴퓨터로 조회해 보면 알 수 있는 일도, 그는 직접 사람을 만나러 나간다. 전산을 확인하고, 전화를 돌리며 해결하는 것이 아니라, 그는 정말 사람을 만나서 얼굴을 맞대고 문제를 해결하는 편이다. 그래서일까. P대리에겐 디지털 시대가 주지 못하는, 이상한 아날로그적인 감동이 있다.

인생을 즐겨라

'아버지는 말하셨지, 인생을 즐겨라' 라는 광고 CM송이 유행이다. 맑고 경쾌한 음이 귀에 쏙쏙 들어와 무심코 흥얼거리기는 하지만, 순간, 저 말이 무척이나 비현실적인 말로 들리기도 한다. 과연 우리에게 '인생을 즐겨라' 고 말해주는 아버지들이 몇이나 되었을까. 인생을 즐기기 위해서는 그만한 부와 삶의 여유를 대물림 받아야 할 터인데 우리 시대 월급쟁이 가운데 누가, 운명을 벗어날 수 있을 만한 부를 넘겨 받았을까. 하긴 인생을 즐기라고 말했던 그 아버지의 아들은 월급쟁이가 아닐지도 모른다. 한평생 가난을 대물림하지 않기 위해 월급쟁이로 살아온 아버지를 보며, 남의 돈 벌어먹고 살기 위해서는 인생을 즐기는 시간을 최소화해야 하는 것을 배운 것이 우리인데. 조금이라도 남에게 뒤질까 봐 사생활을 포기하고, 회식 자리에서는 술과 전쟁을 치르며, 주말엔 영어학원까지 나가면서 생업 전선을 사수해 가는 것이 우리의 운명이거늘. '인생을 즐기기 위해서는 얼마를 벌어야 할까?' P과장의 푸념이 들린다. 월급쟁이의 인생은 남에게 손벌리지 않고, 제 힘으로 작지만 소중한 가정을 지켜내며, 주말엔 아이들 손을 잡고 할인 마트에 가는 것, 그것만으로도 족하다. 여러 생각들을 안고 퇴근을 하니 TV에서 한 개그맨의 서글픈 노랫소리가 들린다. '아버지는 망하셨지, 인생을 즐기다…'

예술가

음대를 나와 한 교향악단에 있다는 젊은 여성 P가 교통사고를 당했다. P를 찾아가 면담을 하는데 나처럼 넥타이 매고 서류 뭉치 들고 다니는 직장인을 대하기가 불편한 듯 잔뜩 경계하는 눈치다. 직업을 물었더니 음악을 한단다. '한 달에 소득은 얼마쯤 되십니까?', '단체에서 활동하고, 어린 학생들 가르치고 하면 월 300만원쯤은 법니다.', '소득신고는 다 하십니까?' '내가 그런 것까지 당신에게 말해 줘야 하나요.', '말씀해 주셔야 일을 못 한 손해를 산정할 수 있습니다. 세금 신고가 제대로 되어 있지 않으면 일단 도시일용직 임금을 적용합니다.', '이봐요 보험사 아저씨. 저보고 지금 노가다하고 똑같다는 거예요? 저는 예술하는 사람이라구요.' 곱게 자랐을 듯한 입으로 험한 소리를 쏟아내는, 소위 '예술' 하시는 분께 면박만 당하고 대뜸 '노가다'를 경멸해 버리는 모습을 보고 돌아나오는데 마음이 편치 않다.

'도시일용'이라. 이렇게 아름다운 네 글자를 저 '예술인'은 왜 멸시하는 것일까. 매순간 죽음의 가능성으로 뒤덮인 도시에서 제 몸뚱이 하나로 세상과 싸우며 가족을 지켜내는, 그 예술적인 존재들을. 세상에는 자신이 예술을 한다고 생각하는 영혼의 천민들이 있는가 하면, 삶 그 자체가 예술인 아름다운 도시일용들이 얼마나 많은데. 갑근세의 압박에 시달릴 때마다 나는 '아름다운 도시일용'을 꿈꾸곤 한다.

구슬치기의 규칙

어린 시절. 구슬치기를 할 때 자신이 던진 구슬이 주변에 서 있던 사람에게 맞아 엉뚱한 방향으로 튀어버리면, 공격자에게는 그 자리에서 한 걸음 정도 자유롭게 위치를 이동해 다시 구슬을 던질 수 있게 하는 우리들만의 '룰'이 있었다. 우리는 이와 같이 구슬이 사람에게 맞아 예기치 않은 불운을 겪게 되는 상황을 (어원은 알 수 없지만) '인뽀'라고 불렀으며, '인뽀'가 났을 경우에는 공격자에게 위기를 벗어날 수 있는 기회를 주었던 것이다. 그것은, 10살 남짓한 어린 아이들이 만들어 낸 대단히 이성적이고 합리적인 인본주의적 질서였다.

대학을 졸업하고 사회에 편입되니, 어린 시절의 구슬치기와는 비교할 수도 없을 만큼 하루에도 수많은 '인뽀'를 경험하게 된다. 이 사람에게 맞고, 저 사람에게 치이며, 내가 원한 방향은 이쪽이었는데 저 사람한테 툭 치여 방향이 틀어져도, 한 걸음 내 의지대로 선택할 수 있는 기회가 없고, 방향이 틀어지면 틀어진대로 살아야 하며 급기야는 어디서 출발했는지조차 알 수 없게 되는 상황. 그러다 보면 결국 어차피 내 의지와는 상관없어진 삶에, 월급이나 꼬박꼬박 나오는 것에 만족하게 되는 인생이 된다. 과연 대학 4년을 공부하고 그것도 모자라 석사, 박사까지 된 사람들이 살아가는 우리의 문명사회에서 어린 시절보다 감동적이고 합리적인 질서들이 몇 개나 있을까. 살아갈수록, 인뽀는 많아지지만 관용은 줄어든다.

또 술이다

입사 2년 차인 K가 갑자기 한숨을 쉰다. 무슨 일 있냐고 물어보니 인터넷상에 우리의 관련 업종을 싸잡아 욕하는 기사와 댓글이 줄줄이 달려 있는 걸 보여준다. '보험 회사 놈들 전부 다 사기꾼이다', '서민들한테 보험료 받아먹고 제 배만 채우고 있다', '그런 직원은 회사 홈페이지에 올려서 고발해 버려야 한다'와 같은, 이제는 익숙해진 비난들. '뭘 그런 거에 신경쓰냐. 제도적인 기준만 설명해 주고 너만 부끄러움 없이 살면 되지'라고 쉽게 말했지만 K는 '선배님, 우리가 무슨 죄짓고 사나요?'라며 한숨을 그칠 줄 모른다.

인터넷에 올라오는, 우리 업종에 대한 수많은 악성 댓글들. 해당 직원이 도덕적, 윤리적으로 문제가 되는 행동을 했다면 비판받아 마땅한 일이지만, 대부분 비판은 '제도적 기준'에 대한 불만이다. 내가 받아야 할 당연한 권리가 있는데 보험 회사는 왜 그것을 인정하지 못하느냐로 시작해서 보험 회사 직원을 고발하겠다로 끝나는 그 수많은 불만들. 월급쟁이로서 정해진 기준을 앵무새처럼 설명해야 하는 입장에서는 마치 온 세상으로부터 사기꾼 취급을 당해야 하는 자괴감에 자주 휩쌓이기 마련이다. 인터넷이 생기면서 사람들의 엄살도 늘어난 것 같다. 왜 사람들은 서로 고발하는 것에 혈안이 되어 있을까. 왜 같은 월급쟁이며 가정을 부양하는 생활인으로서 서로 이해해 줄 생각은 하지 않는 것일까. 왜 제도를 욕하지 않고 사람을 욕하는 것일까. 왜 다른 사람의 노동을 존중해주지 않는가. 오늘도 술이다.

증명사진

　방청소를 하던 중 우연히 오래된 흑백 증명사진 한 장을 발견했다. 이십대 중반 즈음으로 보이는 얼굴. 낯익은 반곱슬머리와 야무진 눈매에 꽉 다문 입술. 공장 작업복인 것처럼 보이는 촌스러운 짙은 색 셔츠. 내 아버지의 모습이다. 40년 전, 맨몸뚱아리 하나로 화학 공장의 생산직 노동자로 들어가기 위해 찍었음직한 증명사진. 이 사진을 찍고 회사에 들어가 결혼을 하고 나를 기르고 집을 장만하셨으니, 이 사진으로 인해 그 모든 가족사가 시작된 것이다. 가만히 보고 있으니 왠지 마음이 뭉클해진다.

　사무실에서 동료 직원들 한 명 한 명의 증명사진을 검색해 본다. 누구는 승승장구하는 과장이 되어 있고, 누구는 만년 대리로 꾸역꾸역 직장 생활을 이어가고 있으며, 언제나 실적보다는 목소리만 큰 직원, 항상 풀이 죽어 있는 직원, 매일같이 팀장에게 불려가 욕 들어 먹는 직원 등, 같은 회사를 다니면서도 저마다 큰 차이가 있다. 하지만 이 모두가 처음 직장 생활을 시작할 때 찍은 증명사진을 보고 있으면 왠지 이상한 연민이 생겨난다. 그래, 우리는 모두 그렇게 시작했었지. 증명사진 속의 굳은 표정과 지금의 찌든 표정은 확실히 차이가 있지만, 나를, 가족을 책임지기 위해 입사원서에 증명사진을 붙이던 그 때를 생각하면, 괴로워도 슬퍼도, 아침이면 다시 나는 넥타이를 조여 맨다.

목요일

언젠가 저 하늘의

구름을 뚫도록

자라나고 싶은

정년 퇴직을 바라는

어린 나무의 꿈

똥차

털털거리며 꾸역꾸역 굴러다니던 10년 넘은 차가 결국 퍼져 버렸다. 출근 시간에 택시도 잡히지 않아 지각을 할까 봐 부랴부랴 시내 버스를 탔다. 워낙 사람 많은 곳을 싫어하는 성격인지라 아침 시간, 등교하는 학생들과 정장 입은 직장인들로 가득 차 제대로 서 있기도 힘든 버스 안이 불편하기 그지없어 싸증만 몰려온다. 한 중학교 앞에서 학생들이 우르르 내리자 그제야 버스 안이 좀 넓어지고 무표정한 얼굴을 한 직장인들만 남았다.

속칭 '똥차' 이기는 하지만 내 차로 출퇴근 할 때는 이렇게 많은 직장인들이 콩나물시루 같은 버스로 출퇴근하는 줄 정말 몰랐다. 오랜만에 버스를 타는 내 입장에서는 발디딜 틈도 없이 이리저리 흔들리는 버스가 생지옥 같아 입이 비쭉 나온 채 계속 속으로 툴툴거렸지만 그들은 매일 겪는 일이며 당연한 일이라는 듯 한결같이 무표정하게 창밖을 바라보고 있을 뿐이다. 뭐랄까, 혼자 차를 타고 출퇴근 할 때 느꼈던, 세상에서 나만 이렇게 힘들게 살고 있는 것 같던 자괴감이, 출근길 버스 안 직장인들과 섞여 있으니 사람들 참 모두 똑같이 살고 있구나 싶은 생각이 들어 괜히 든든해진다. 사무실에 도착하니 지각했다며 팀장님이 한 소리 하신다. 아침에 같은 버스를 탔던 그 모두들, 자신의 사무실에서 지각했다고 욕을 들어 먹고 있겠지. 모두들 오늘 하룻동안 전쟁에서 무사히 살아남아 퇴근길 버스에서 다시 만났으면 좋겠다.

과로사 괴담

살아가면서 문득 깨닫는 것은 역시 '건강이 최고' 라는 것이다. 지난 가을 추석 때 내 손을 꽉 잡아주며 '일 너무 무리하게 하지 말고 무엇보다 건강해야 한다' 라고 덕담하시던 친지 어르신께서 불과 몇 달이 지난 이번 설에는 차례를 지내드려야 하는 고인이 되어 계신다. 새삼 건강의 소중함에 대해 다시 생각한다.

신문 기사에서 자주 접하는 과로사에 대한 이야기를 볼 때마다 남의 일 같지 않다. 회사내에서도 '과로사' 에 대한 과장된 괴담들을 들을 때마다 섬뜩한 것은 어쩔 수 없다. 과다한 업무량과 습관처럼 엄습하는 스트레스, 끝장을 봐야 하는 회식 자리 등 나의 건강을 위협하는 수많은 일들에 대해 아무리 고통을 호소해봐도 '직장 생활이 다 그런거지 뭐' 라고 너무 쉽게 몸을 방치해둔 건 아닌지. 직장 생활이 다 그런 건진 모르겠지만, 확실한 것은 우리의 육체는 '대한민국형 격무와 스트레스와 과음' 에 대한 내성이 떨어진다는 것이다.

동종업계 30대 후반의 모 과장이 출근길 갑작스러운 심장마비로 비명횡사했다는 소문이 들린다. 안타까운 마음과 함께, 나는 무엇을 위해 살고 있는지, 정말 중요한 것은 무엇인지 스스로 다시 생각해 보게 된다. 어쩌면 우리는 정말 '필요 이상으로 열심히' 살고 있는 것은 아닌지. 온 나라가 일 중독에 빠진 듯한 대한민국. 다들 조금만 게을러졌으면 좋겠다. 그래서 건강했으면 좋겠다.

연봉 타령

술자리에서 K대리가 열을 낸다. 인터넷에서 모 회사의 연말 보너스 잔치를 보고 잔뜩 열을 받았나 보다. '똑같은 일을 하고 똑같은 고생을 하는데 그 회사는 연말에 내 몇 달치 월급을 한 방에 쏴준다니까. 생각할수록 열 받아' 조용히 그의 성토를 듣고 있는 직원들의 표정도 가지각색이다. K대리의 말에 솔깃하여 불만을 늘어놓는 직원도 있고 '저 인간 또 시작했군' 이라 생각하며 거북한 표정을 짓는 직원도 있다.

잠자코 있던 P과장이 한 마디 한다. '시끄럽다. 그만 해라' 말 많은 K대리도 P과장의 말이라면 꼼짝을 못한다. K대리의 신입 사원 시절, 그를 가르친 사수가 P과장이기 때문이다. P과장은 정말 '직장' 이 아닌 '직업' 을 가지고 있는 몇 안 되는 사람이다. 그는 투철한 사명감과, 자신이 아니면 안 된다는 확신을 가지고 일하는 보기 드문 직업 정신의 소유자이다. '돈 생각하고 살면 이 일 아무도 못 버틴다. 세상의 누군가는 해야 할 일을 내가 하고 있다고 생각해라.' P과장의 한 마디로 그 날의 연봉 타령은 마무리되었다.

'절이 싫으면 중이 떠나라' 고 했던가. 하지만 본시 중이란 절을 좋아하는 사람이 아니라 부처를 섬기는 사람 아니던가. 그래, 나는 세상 누군가는 해야 할 일을 하고 있는 것이다. 그것은 회사에 충성한다는 말과는 다른 것이다. 많은 연봉도 좋겠지만, 더욱 중요한 것은 스스로의 일에 대한 믿음과 사명감이다. 그건 연봉 얼마를 줘도 바꿀 수 없는 것이다.

'5분'과의 전쟁

　밤에 TV를 보고 있으니 한 카드 회사의 광고에 눈길이 간다. 생활비와 주택 마련을 고민하던 한 주부가 카드 회사의 대출 상담을 받고 나서 얼굴이 환하게 밝아지며 끝나는 광고는 '5분 안에 대출 금액을 알려 드립니다'라는 약속과 함께 마무리된다. 별로 특별할 것 없는 광고였는데 이상하게 기억에 오래 남는다. '5분 안에'라는, 구체적인 시간이 특히 신경쓰인다. 아마 이 광고를 본 사람들은 그 '5분 안에'라는 말을 기억할 것이다.

　문득 '저 카드 회사 직원들도 엄청 고생하겠군'이라는 생각이 든다. 남의 일 같지 않은 것이다. 광고를 본 고객들은 카드 회사로 전화를 할 것이며 전화를 받은 카드 회사의 담당자는 즉시 '5분'과의 전쟁을 시작할 것이다. 그 카드 회사는 온 나라에 공개적으로 약속한 '5분'을 지키도록 직원들에게 압박을 가할 것이다. 조금만 시간이 늦어도 고객들은 짜증을 내고, 담당 직원은 곤경에 빠질 것이다.

　서로가 서로에게 서비스하며 살아가는 세상에서 확실한 경쟁력이 되는 것은 결국 시간의 단축이다. 언제나 관건은 얼마나 빨리 일을 처리하는가이고 직원들은 제 삶의 시간을 담보로 세상에 덜렁 약속을 해버린 회사 탓에 1초, 1초에 피가 마를 것이다. 문득, 하루 24시간 가운데 온전히 내 마음대로 움직이는 시간이 과연 얼마나 될까 생각하니 한숨만 나온다. 언제쯤 이 무한 속도 경쟁에서 내려와 느리게 천천히 숨쉬며 살 수 있을까.

신입 여직원

직장 생활을 시작한 이후 처음으로 나에게도 부사수가 생겼다. 얼마 전에 입사한 여자 '아이' K다. (아직은 '아이' 라고밖에는 말 못 하겠다) 조그만 몸집에 앳된 얼굴로, 아무리 정장을 차려입어도 아직은 직장인 '테' 가 나지 않는다. 출근해서 퇴근할 때까지 내 옆에 졸졸 따라다니며 업무를 배우는데, 노총각인 나와 신입 사원인 여자 아이가 하루 종일 같이 있으니 당연하게도 회사 동료들의 입방아가 시작되고 형식적인 구설수에 오르내리지만 노총각으로서 직장 생활 하려면 으레히 견뎌내야 하는 일들인지라, 나도 부사수도 그런 말에는 '쿨' 하다.

사실 조그만 체구와 앳된 얼굴 탓에 누가 봐도 '곱게 자란 아이' 라는 편견을 불러 일으키는 이 신입 사원 여직원이, 밥먹듯 야근을 하고 격렬한 스트레스와 싸워야 하는 이 일을 견뎌낼 수 있을지 의문이었다. 하지만 업무를 가르치고 얘기를 나누다보니 K에게는 몇 차례 인생의 고비들이 있었고, 대학 시절부터 각종 아르바이트로 제 삶을 꾸려온 굳센 의지가 있었다. 시치미 뚝 떼고 '그냥 가서 해결하고 오너라' 며 덜컥 일을 하나 맡겼더니 15분만에 냉큼 해결해 버린다. 기특하기도 하고, 애처롭기도 하다. 사회생활 초년병인 만큼 여러 가지 직장 생활 노하우나 재테크 방법 등이 궁금할 만도 할 텐데, 처세에 무능하며 돈 굴리는 데 취미가 없는 나를 사수로 맞이하게 되어 좀 미안한 생각마저 든다. 직장 생활에서 맞는 '첫 사수' 의 중요함을 누구보다 내가 잘 아는지라 오히려 내가 K에게 보여주는 업무나 말들에 조심스럽고 신경이 쓰인다.

K를 보고 있으면 어떤 활기나 신선함을 느끼기보다는 앞으로 이 아이가 겪어 나가야 할 고생을 생각하며 먼저 연민부터 생기는 건 어쩔 수 없다. 아마 내가 세상을 참 잘 못 살아와서 그렇겠지. 나의 부사수, 직장 생활하다보면 제 의지와는 상관없는 실수와 많은 고비들을 만나게 되겠지만, 어떤 야만과 몰상식 앞에서도 절대 기죽지 말고, 어엿한 생활인으로, 직장인으로 성숙하거라.

상담 전화

고객과 상담을 하고 있는데 전화가 걸려왔다. 카드 회사 텔레마케터인데 내가 우수 신용 고객으로 뽑혔다 한다(카드 회사는 나를 칭찬해 주는, 세상에서 유일한 조직이다). 텔레마케터는 대출한도 인상 등의 여러 가지 특전을 설명해 주겠다고 했지만, 나는 나의 고객과 상담중이라 다소 짜증섞인 목소리로 '오후에 전화주세요' 라고 말하고 일방적으로 전화를 끊었다.

오후에 잊지 않고 그 텔레마케터가 전화를 했다. 오전의 내 짜증섞인 반응에도 아랑곳하지 않고 그녀는 여전히 상냥하다. 같은 직장 생활하는 사람들끼리 나도 좀 너무했다는 생각이 들어 '오전에는 미안했습니다. 급한 일이 있어서요' 라고 사과를 하니 텔레마케터는 뜻밖의 사과에 당황한 듯, 바쁠 때 전화한 자신의 잘못이라고 한다. 몇 가지 카드 사용에 대한 설명을 들은 뒤 '사람들한테 전화하는 거 힘드시죠? 저도 그래요' 라고 말했더니 그녀도 무장해제 해 버리고, 서로의 직장 생활에 대한 고충을 털어 놓기 시작했다. 그녀는 아버지 장례식을 치르고 와서도 아무렇지도 않게 밝은 목소리를 내야 했던 게 제일 힘들더라고 했다. 도시를 살아가는 사람들은 수시로 서로의 역할을 교체한다. 5분 전에 누군가의 담당 직원이었던 나는, 갑자기 누군가의 고객이 되어 있다. 그리하여, 내게 걸려오는 단 한 통의 마케팅 전화도 쉽게 받을 수가 없다. 누구보다 그녀의 입장을 내가 잘 알고 있기 때문이다. 카드사 텔레마케터와 통화를 끝낸 후, 나는 바로, 나의 고객에게 전화를 돌리기 시작했다.

임신

 입사 동기이자 타지점에서 근무하는 절친한 여자 동기가 전화를 했다. 왠지 밝아 보이기도 하고 약간 근심이 어려있는 목소리로, 결혼한 지 2년만에 드디어 아이를 가졌다고 한다. '너처럼 아침 저녁으로 바쁜 애가 어떻게 아기 가질 시간이 있었냐? 체외수정 아니냐?' 라며 썰렁한 농담을 던졌지만 워낙 절친한 동기라 연신 축하의 인사를 전했다. '좋은 일인지 나쁜 일인지 모르겠지만, 가까운 사람들한테는 자랑하고 싶었어. 대신에 절대로 회사에 소문내면 안 돼' 라고 신신당부한다. 행여나 임신한 사실이 알려져 회사내에 자신의 입지가 위축될까 봐 걱정된단다. '무슨 죄지었냐? 결혼한 사람이 아기 가진 게 당연하지' 라고 말하자 '남자 직원들은 내 마음 모를 걸' 이라며 사뭇 진지하게 제 근심을 털어 놓는다.

 아무한테도 말하지 않을 테니, 대신 몸 생각 많이 하고 술 마시지 말라는 얘기를 하고 난 후 전화를 끊으니 별 생각이 다 든다. 남자가 많은 회사라 그런지 조금이라도 뒤쳐질까 봐 '생물학적 차이' 를 숨겨야 하는 여성 동료들이 애처로워 보인다. 남녀가 서로 동등한 관계에서 경쟁을 하는 일은 좋지만 서로의 생물적인 기초까지 무시할 수는 없는 일 아닌가. 남녀평등이 여러 사람 잡는다. 평등의 다른 말은 '차이의 인정' 아닌가. 모쪼록 동기의 '임산부 직딩 생활' 에 건투를 빈다.

발냄새

　부쩍 발냄새가 심해졌다. 발을 자주 씻긴 하지만, 스스로 몸
관리를 잘 하지 못 하는데다가, 워낙 외근이 많은 일이니 발에
땀이 찰 수밖에 없다. 아직 사무실에서 슬리퍼를 신을 만한 '짬
밥'은 되지 않아 하루 종일 통풍 안 되는 싸구려 구두를 신으며
돌아다니니 피어오르는 발냄새를 막을 도리가 없다. 행여 구두
를 벗고 들어가야 할 일이 생기면 들어가기도 전부터 걱정되고
초조해진다.

　원래 자기 자신의 입냄새나 발냄새는 스스로 느끼지 못한다
고 하지만, 서른이 넘어서면서부터 나는 내 몸에서 나는 냄새를
맡을 수 있게 되었다. 옆에 앉아 있던 K과장은 그게 바로 '노총
각 냄새'라며 농담을 한다. 그리고는 '나도 결혼 전에는 그랬다.
연애할 때는 내 몸에서 냄새날까 봐 신경 많이 쓰였는데, 지금
집사람은 내 몸에 나는 냄새 때문에 결혼을 결심했다고 하더라.
냄새나는 사람은 기본적으로 열심히 사는 사람이라는 확신이 들
어서 믿음이 생기더란다'라며 자신의 무용담을 늘어 놓았다.
'형수님 취향이 독특하시네요'라며 웃으며 대꾸를 했지만 그 말
을 듣고 보니, 과연 내 몸에 나는 냄새는 그만큼 내가 열심히 살
고 있다는 반증인 것 같아서 기분이 괜히 좋아진다. 월급쟁이로
땅을 꾹꾹 밟고 다니면서 나의 두 발에 새겨진 냄새들. 나의 발
냄새는 내 세상살이의 흔적이다. 내 발냄새가 좋아지기 시작한
다. (변태인가? -_-)

직장이 아닌 직업

　사촌 동생이 수학능력시험을 본다. 시험 전날 사촌 동생 집에 찹쌀떡과 합격 엿을 사가지고 가서 13년전 수능 1세대 선배로서 덕담을 했다. 너무 긴장하지 마라. 어차피 만점은 안 나오게 도저히 풀 수 없는 문제 몇 개씩은 출제하니까 모르는 거 붙잡고 시간 버리지 마라. 평소 성적 정도만 나오도록 해라. 너무 잘 하려고 하지 마라. 등등의 조언을 해주다가 보니 이건 수능 선배가 아니라 '뛰지도 않게, 쳐지지도 않게, 항상 중간 정도만 하려는' 직장 선배가 하는 조언 같아서 스스로 좀 궁상맞아졌다.

　나이에 비해 조숙한 사촌 동생. 시험 직전의 수험생으로서는 어울리지 않는 고민을 털어 놓는다. '근데, 이거 잘 치면 뭐 해요. 그래 봐야 나중에 취직할 거고, 밤늦게 퇴근할 거고, 스트레스 받으며 아득바득 살 건데' 세상의 흐름을 나보다 더 명쾌하게 꿰뚫고 있던 19살 사촌 동생의 말에 내가 당황스러워졌다. '하긴 그래, 우리 나라에서는 공부 잘 하면 다 월급쟁이가 되더라'며 얼떨결에 나도 비감어린 탄식을 털어 놓는다. '형, 저는 ○○학과 지원할 거예요. 그래서 나중에, 꼭 직장이 아니라 직업을 가질 거예요' 취업과는 거리가 멀어보이는 비인기학과에 소신 지원하여, 아무도 가지 않은 길을 개척하겠다는 사촌 동생의 말. 덕담하러 갔다가 덕담을 듣고 나와야 했지만, 이제 막 세상으로 나아가는 사촌 동생의 굳센 의지를 느끼며 나 또한 모든 것을 시작하던 그때를 다시 생각하니 새로운 힘이 생긴다.

직장 내 비양심

　인터넷 뉴스의 설문 조사 결과를 보니 직장인의 약 30% 정도가 성공을 위해 부정하거나 부당한 일을 행한 적이 있다고 답했다 한다. 그 밑에 달려있는 직장인들의 댓글을 보니 상황은 더 심각한 듯 하다. '30%정도밖에 안 되면 직장 다닐 만하다', '자기가 부정한 일을 하고 있다는 걸 모르는 사람은 70% 라는 말이군' 등과 같은 성토들이 이어진다.

　직장에서 저지를 수 있는 부정하고 부당한 일이란 어떤 게 있을까. 회사 자금을 개인적으로 유용한다거나 하는 일은 너무 극단적인 경우이니 일단 제쳐둔다. 내가 생각할 수 있는 것이란 인사고과를 위해 상급자에게 로비를 펼친다거나, 회사 내의 친분을 이용해 자신의 이익을 챙긴다거나, 경쟁 관계에 있는 직원에 대해 나쁜 루머를 퍼뜨린다거나, 강한 자에게 약하고 약한 자에게 강하다거나, 동료의 어려움을 뒤로 하고 자신의 실적만 챙긴다거나 하는 일들이다. 옆에 있던 P는 '다 그렇게 살지 않나? 경쟁 사회라고, 서로 싸우라고 부추기는 세상 아니냐' 라고 말한다. 급기야 우리는 '부정하고 부당한 일을 한 적이 있다고 실토한 30%가 순진한 사람들이지' 라는 그야말로 부정하고 부당한 결론에 이르고 만다. 너무 당연하여, 모두가 함께 저지르고 있는 부정하고 부당한 일들. P와 나도 어쩌면 '부끄러움을 모르는 70%'의 집단적 망각과 최면 상태에 빠져 버린 게 아닐까. 모든 것을 '경쟁 사회니까' 라는 유용한 변명으로 무마시키며.

삼겹살집 사장님

퇴근 시간이 늦고, 퇴근할 때쯤이면 다들 녹초가 되어 있는 상황이니 사무실의 회식 장소는 '최대한 사무실과 가깝게, 최대한 음식이 빨리 나오는' 곳을 섭외하는 것이 대원칙이다. 그러다 보니 항상 회식은 회사 바로 뒷골목에 있는 XX삼겹살집에서 하게 되기 마련이고, XX삼겹살집 사장님 또한 처음엔 최대 고객인 우리들을 VIP로 모셔주었지만, 너무 자주 오니 우리가 그곳 말고 마땅히 갈 곳이 없는 사람들이라는 걸 눈치챈 모양인지 요즘은 간단한 인사만 하고 바로 고기를 구워 나르기 시작하신다. (서비스의 질이 형식적이고, 현저히 저하되고 있다는 게 눈에 보이지만, 사실 우리는 거기 말고 딱히 다른 곳을 갈 만한 능력도 의지도 없어, 저항할 수가 없다.) 항상 똑같은 회식 장소에서 똑같은 말만 주고받다 보니 언젠가부터 삼겹살집은 마치 사무실처럼 느껴지고, 회식은 그저 업무의 연장에 불과했다.

회식 중 담배를 피우러 바깥으로 나갔다가 삼겹살집 사장님과 마주쳤다. 간단한 목례를 하자 '김대리, 요즘 얼굴이 안 좋아. 뭐 힘든 일 있나' 라고 말을 걸어오신다. 하긴 그는 우리 팀의 인사발령까지 속속들이 파악하고 있는 인물이다. 술이 조금되어서 그런지 삼겹살집 사장님께 회사 안에서는 말하지 못하는 최근의 스트레스들에 대해 늘어놓았더니, 그가 이런저런 충고를 하며 나를 위로한다. 듣자하니 나처럼 남몰래 밖에 나와 자신에게 스트레스를 늘어놓는 직원들이 많다고 한다. 그래, 우리가 이 삼겹살집을 찾는 것은 따로 이유가 있었던 것이다.

10분간 휴식

담배를 배운 것은 군대 시절이었다. '10분간 휴식' 시간에 할수 있는 일이란 담배를 피우거나 멀뚱멀뚱 하늘을 바라보는 일밖에 없었으므로, 하늘을 보기가 지겨워졌던 어느 날, 나는 군용 담배를 입에 물었고 난생 처음 느끼는 니코틴의 위력 앞에 연신 기침을 해댔다. 담배를 부쩍 많이 피우게 된 것은 회사를 다니면서부터다. 의지와 노력만으로는 감당하기 어려운 스트레스가 밀려올 때마다 담배를 입에 물었고, 지금은 하루에 한 갑 정도를 피는 (요즘 기준으로는) 골초가 되었다. 한 번도 담배가 맛있다는 생각을 해 본 적은 없지만, 군대 시절 '10분간 휴식'이 떨어지던 순간의 달콤함이 떠올라서인지, 담배를 입에 물 때 내 귀엔 정말로 '10분간 휴식'이라는 소대장의 목소리가 들리는 듯 하다. 일종의 플라시보 효과라고 할까. 담배를 물 때, 나는 잠깐 세상과 거리를 둘 수 있는 여유가 생긴다.

사무실의 유일한 담배 동지였던 L대리가 최근 금연을 선언했다. 보건소에 가서 팔뚝에 도장도 찍어 와서 자랑을 한다. 이젠 담배를 피러 혼자 건물 밖으로 나가야 하니 슬그머니 서운한 마음도 든다. 나도 담배를 끊을까, 싶은 생각이 들었지만, 회사 빌딩 뒤 흡연 구역에 가니, 저마다 혼자 담배를 피우며 '10분간 휴식'을 즐기는 사람들이 많다. 사무실의 담배 동지 L대리는 담배를 끊었지만, 담배 피우는 사람들은 왠지 다들 동지 같다. 우리가 뿜어대는 담배 연기만큼, 우리들의 스트레스도 가볍게 날아가 버리면 좋으련만.

틀니

이 때문에 고생하시던 어머니. 이를 거의 다 뽑아야 한다는 치과 의사의 소견을 무시하고, 지난 5년 동안 제대로 씹지도 못한 채 독하게 살아오셨다. 참는 것도 이젠 한계에 다다랐는지 어머니를 모시고 치과에 갔다. 기본적인 치료를 하고 2주 후에 치아 본을 떠서 틀니를 해 넣어야 한단다. 지난 5년간 치아 때문에 고생하시는 걸 볼 때마다 '제발 치과 좀 갑시다. 뽑으라면 뽑고, 틀니 해 넣으라면 해 넣읍시다. 치료 받고 제발 좀 우걱우걱 씹어먹고 삽시다' 라고 주장해 왔던 나는 속이 시원했지만, 틀니를 해 넣게 되었다는 사실이 못내 서글펐던지 어머니는 통 말이 없다. 나는 나대로, 지난 5년 동안 좀 더 어머니의 치아 치료에 적극적이지 못하고, 말로만 최소한의 예의를 갖춘 채 어머니를 그대로 방치해 버렸다는 자책감에 마음이 무겁다.

집에 오자 어렵게 어머니께서 한 마디 하신다. '250만원 날렸네.' '250만원이 아니라 2,500만원이라도, 치료 받고 씹어 먹읍시다.' '니가 얼마나 고생해서 버는 돈인데.' 이제 곧 틀니를 해넣으시고 '할매' 가 되실 어머니는 말을 잇지 못하신다.

그건 정말이다. 대부분의 아들은 부모님의 치아를 위해서, 건강을 위해서, 그간 진 빚을 갚기 위해서 회사를 다니고 기꺼이 고생을 감수한다. 월급은 그럴 때 빛이 나는 돈이다. 어머니 치료가 다 끝나면 어머니를 모시고 세상에서 제일 질긴 고기를 먹으러 갈 것이다.

꿈꿀 수 있을 때

신입 사원인 H는 첫 직장에서 1년을 생활했다. 내년 봄에는 10년을 사귄 여자 친구와 결혼도 하기로 했고, 큰 마음먹고 새 차도 샀다. 워낙 성실한 후배라 누구의 도움도 필요없이 업무도 스스로 처리할 수 있게 되었다. 누가 봐도, 척척 진행되고 있는 인생. 아직 노총각이고, 중고차를 몰고 다니며 일에서도 여태 빌빌거리는 내 입장에서는 두렵기도 하고, 부럽기도 한 후배다.

퇴근길에 H가 술 한잔 사달라고 한다. 술이 좀 들어가니 H는 난데없는 하소연을 늘어놓는다. '선배, 사는 게 너무 재미없습니다. 목표도 없는 것 같고, 뭐 하나 새로운 일도 없고, 1년을 뒤돌아보니 인생이 너무 단순해진 것 같아 괴롭습니다.' '일도 잘하고, 새 차도 뽑았고, 결혼할 사람도 있는데, 니가 괴롭다면 나는 어떻게 사나' 라고 타박을 줬지만 확실히 H는 너무 척척 진행되는 제 인생을 괴로워하고 있었다.

결국 우리의 결론은, H는 너무 이른 나이에 너무 많은 것이 결정되어 버렸기 때문이라는 것이다. 사고 싶던 차, 연인과의 약혼, 업무적인 성취 등을 이뤘지만 그것들은 이루고 나면 지키는 것만 남는다. 지킬 것이 생겼다는 것. 즉 보수가 되었다는 말이다. 어찌 보면 아직 아무것도 정해지지 않았고 지켜야 할 것도 없는 내 인생이 차라리 행복하지 않을까? 인생의 묘미는 정해진 것을 지키는 것이 아니라, 아직 꿈꿀 수 있을 때에 있다.

황우석

H대리가 팀장에게 아침부터 혼이 난다. 어떤 자료를 준비중
이었지만 마감 시한에 쫓겨 결국 일을 마무리하지 못하고 속칭
'가라'로 자료를 만들었다가 팀장에게 들킨 것이다. 잔뜩 화가
난 팀장은 '사무실에 황우석 나셨군'이라며 H대리에게 빈정거
리기 시작했다.

황우석이라. 시간이 좀 지난 얘기긴 하지만, 소위 '황우석 교
수 사태' 때 사무실에서도 황우석 교수 얘기로 온 직원들이 떠
들썩했었던 기억이 난다. 사건의 줄거리를 꿰차고 있는 직원부
터 인간적인 안타까움을 토로하는 직원, '대'를 버리고 더 큰
'대'를 얻었다는 평가를 내리는 직원, 세계 최고의 기술이 무위
로 돌아간 것은 안타깝지만 세계 최고의 자정 능력을 갖추게 되
었다고 평가하는 직원 등, 각자의 입장은 달랐지만, '왜 그랬을
까'에 대해 당시의 우리가 내린 답은 거의 일치했다. '한국 사
회를 지배하는 실적주의' 즉, 직딩들 용어로 하자면 '너무 심하
게 쪼였기' 때문이라는 것이다.

과정보다는 결과를 중시하며 뭔가 가시적인 성과를 보여주길
바라는 온 나라의 욕망. 부담감을 이기지 못하거나, 혹은 개인
의 지나친 욕심으로 인해 이 망국적인 '실적주의'에 슬쩍 편승
하여 실적을 위조하고, 숫자를 조작하는 일들. 옆에 있던 P대리
가 슬쩍 한마디 한다. '야, 솔직히 우리 중에 실적 때문에 조금
이라도 장난 안 친 사람 있냐?' P대리의 말을 들으니 나 또한

쉽게 '없다' 라고 답하지 못한다. 돌이켜 보면, 세상엔 얼마나 많은 '황우석 논문' 들이 있는가. '조작' 엔 큰 조작이나 작은 조작이라는 게 없다. 조작은 그저 조작일 뿐이며, 쉽게 말해, 거짓말일 뿐이다. 안타까운 일이지만 이번 사건을 계기로, 우리 모두 자신의 삶과 일에 대한 자정 능력을 길렀으면 좋겠다. 실적은 챙기지 못하더라도, 스스로에게 부끄러움이 없는 삶. 어쩌면 그것이 우리 시대에 필요한 줄기세포일지도 모른다.

뭔가 되고 싶은 게 아니라

회사 직원들과 함께 〈천하장사 마돈나〉라는 영화를 보러 갔다. 자신이 여자라고 생각하는 ('착각하는'은 틀린 말이다) 소년이 성전환 수술비를 마련하기 위해 씨름부에 가입하여 씨름대회에 출전하는 이야기. 물론 소년의 부모는 이혼했고, 소년의 아버지는 실직 상태인, 전형적인 계급적/가족적 갈등이 소년의 성정체성 문제와 얽혀 있다. 작위적이지 않게 세상의 폐부를 은근히 찌르면서도 느끼지 않게 핵심을 얘기하던 영화. 같이 보고 나온 직원들은 모두 감동과 흥분에 쌓여 있었다. '난 뭐가 되고 싶은 게 아니라 그냥 살고 싶은 거라구!' 여자가 되려는 자신을 이해하지 못하는 친구에게 주인공 오동구가 던진 말. 모두에게, 모든 것을 한 마디로 얘기해버린 저 대사에 같이 간 직장 동료들 모두 압도당하고 말았다. 그래, 우리 모두는 과장, 차장, 부장, 팀장, 임원이 되고 싶은 게 아니라, 그냥 좋은 인생을 살아가고 싶을 뿐이다. 회사는 우리를 너무 모른다.

다음 날, 이러저러한 문제로 상사와 면담이 있었다. 상사는 내게 '너의 목표가 무엇이냐'고 물었고 나는 '좋은 사람이 되고 싶습니다'라고 말했다. 그건 정말 나의 진심이었지만 상사는 이해할 수 없다는 표정을 지으며 한 마디 건넨다. '이 회사의 사장이 되겠다는 목표를 가지고 일해야 한다. 목표가 높아야 꿈도 이루어진다' '예, 알겠습니다'라며 형식적으로 답했지만 내 마음은 '난 뭐가 되고 싶은 게 아니라 그냥 살고 싶은 거라구요'를 외치고 있다. 무엇인가 되지 않고, 그냥 있는 그대로 살고 싶은 게, 그렇게 어려운 일이구나, 동구야.

원죄 의식

확실히 나는 학창 시절이나, 군대에서나, 회사에서나 무리하게, 혹은 다소 위험하게 일을 처리하는 경향이 있다. 그것은 어떤 경우엔 탁월한 의사 결정력으로 빛을 발할 때가 있고 어떤 경우엔 너무 어이없는 실수가 되기도 한다. 특히나 금융권처럼 소위 '돈 굴리는' 일을 하는 곳일수록, 작은 실수는 걷잡을 수 없이 치명적인 오류가 되기도 한다. 그래서일까. 회사나 상부기관에서 감사가 나온다고 하면 나는 특별히 떠오르는 '죄'는 없지만 괜히 마음이 불안해진다. '무슨 죄를 지었는지는 나도 잘 모르지만 어쨌든 나는 분명히 어떤 실수를 했을 거야'라는 이상한 원죄 의식같은 것이 나에게 있다.

이런 고민을 털어놓았더니 P대리 또한 맞장구를 치며 자신도 똑같은 '정신병'을 가지고 있다 한다. 어쨌든 뭐 하나 할 때마다 공연히 뭔가 빠진 것 같고, 이상하게 자신의 업무 처리가 부실해 보여서 언젠가는 회사에 한 방 얻어 맞을 것 같은 생각이 든다는 것이다. 내가 '털어서 먼지 안 나는 놈 있냐'라고 말했더니 '털어서 먼지 안 내는 회사 봤냐'라고 받아친다. P대리의 최종 분석 결과는 '결국 월급쟁이처럼 남의 돈 벌어먹고 사는 사람들은 원죄 의식을 가질 수밖에 없다'는 것이다. P와 나는 새벽까지 술을 마시며 '그래 먼지 많이 묻혀가면서 남의 돈 많이 벌자. 그리고 언젠가는 죄의식 없이 내 사업을 하자'라고 도원결의했다. 내 양복과 내 심장에 묻는 먼지들. 두렵지 않다.

리더쉽

요즘 들어 유독 자신의 리더쉽에 대해 고민하는 듯한 S팀장. 책상에는 인터넷에 올라온 '직원들이 싫어하는 팀장의 유형'이라는 기사가 붙어 있다. 워낙 엄하고 보수적인 독불장군 스타일이라 직원들이 쉽게 다가가지 못하고, 팀원들과 살갑게 대화하는 일도 없는 S팀장의 최근 행보에 직원들은 '얼마나 더 쪼으려고 저러나'라며 내심 불안해 한다.

요즘은 팀 분위기도 엉망이다. 바닥을 치는 실적과 과부하된 업무량이 겹치면서 팀원들의 몸과 마음이 지칠대로 지쳤다. 이런 때일수록 동료들끼리 다독여 주며 살아야 하건만 당장 나부터도 피곤에 쩔은 몸과 예민해진 신경 탓에 따뜻한 말 한마디 건네기가 버겁다. '힘냅시다. 이럴 때일수록 웃으면서 일합시다' 어떻게든 분위기를 추스려 보려는 K과장의 안타까운 격려가 이어지지만 개선될 기미가 보이지 않는 실적 탓에 누구 하나 호응해 줄 힘도 없다.

이럴 때 문제는 사소한 것에서 폭발하는 법이다. 모 직원의 사소한 농담이 팀장의 귀에 거슬렸고, 워낙에 다혈질인 팀장의 벼락같은 호통이 이어진다. 팀원 하나하나에 대해 아주 사소한 것들을 문제 삼으며 고함을 지르고 야단을 치기 시작한다. 듣다 못한 L대리는 사무실을 나가버렸고 신입 사원 K는 황당함에 소화가 되지 않는다고 한다. 나 역시 폭발 직전의 마음을 다스리느라 귀를 틀어막아 버린다.

하루종일 폭풍전야처럼 냉랭했던 사무실. L대리의 권유로 저녁에 회식 자리가 만들어졌고 분위기는 묘하게 돌아갔다. S팀장이 다소 어색한 얼굴로 '나에 대한 불만을 들어봤으면 좋겠다'라고 말하자 술이 조금 오른 직원들의 불만이 폭발하기 시작한다. '칭찬 들은 적 한 번도 없습니다. 실수한 것 지적만 받았습니다', '직원마다 업무 능력의 차이는 분명히 있습니다. 하지만 그게 인격적인 모욕을 당해야 할 이유라고는 생각하지 않습니다' 옆에서 듣고 있자니 불편하기 짝이 없어 슬쩍 S팀장의 얼굴을 훔쳐봤더니 그는 의외로 담담하다. '나의 책임을 통감한다. 잘하고 싶었을 뿐이다. 개인적인 성격의 문제는 고쳐나가겠다' 한번도 본 적도 들은 적도 없는 S팀장의 사과. 불만을 얘기하던 동료들도 머쓱해졌다. 이제 시작이지만, 자신의 문제를 겸허히 돌아보기 시작한 S팀장의 진심어린 사과는 모두에게 깊은 인상을 주었다. 술집을 나오니 저 멀리 S팀장이 K대리와 어깨동무하고 있는 모습이 보인다. 조직을 이끌어가는 힘은 억지스러운 통솔보다는 대체로 윗사람의 진심어린 사과에서 나온다. 결국 회사라는 곳은, 불완전한 인간들의 전쟁터가 아닌가.

줄 서기

　입사 동기인 J에게서 전화를 받은 S대리가 담배를 피워 문다. 동기인 J는 입사 초기 발령을 받을 때부터 소위 '땡보직'이라 불리는 부서로 배치받아, 인사발령이 있을 때마다 그 부서내에서만 이동이 이루어지지만, S대리는 줄곧 회사의 최전선에서 고객들과 직접 마주치며 몸 고생 마음 고생만 하고 있다. 이번에도 동기인 J는 본사의 단순관리직으로 들어오라는 귀띔을 받았는데, 자신은 시외곽으로 나갈 수 있다는 얘기를 들었다고 한다. 동기인 J가 분위기 파악 못한 채 본사로 들어가서 겪게 될 자신의 행복한 근심에 대해서 늘어놓으니, S는 주는 것 없이 J가 밉지만 짜증을 낼 수도 없어 스트레스가 쌓이더라 한다. '똑같이 공채로 입사해서 똑같은 월급 받고 일하는데 누구는 가만히 앉아서 편하게 생활하고 누구는 현장에서 죽도록 고생하고 있으니 생각하면 짜증만 난다.' 업무 중 좀처럼 짜증을 내지 않고 싫은 소리 하지 못하며 누구보다 성실한 S대리의 낯선 볼멘 소리를 들으니 다소 어색하기도 하지만 그 심정도 충분히 이해가 간다.

　'처음에 줄을 잘 섰어야죠.' S대리와 똑같은 입장인 나 역시도 그의 불만에 동참한다. 곧 우리는, '본사 직원'이면 멋은 있겠지만, '현장 직원'과 같은 성취는 느끼지 못하리라. 회사를 지탱하는 근간은 우리와 같은 묵묵한 현장 직원들이다,라고 서로를 위로하며 다시 현장의 고객들과 온 몸으로 부딪히기 시작한다. 그래, 우리에겐 현장이 본사다.

삶에 대한 의지

대체로 퇴근이 늦고 별다른 취미가 없다보니 집에 들어가면서 집 옆 목욕탕에 가곤 한다. 내가 가는 목욕탕에 얼마 전부터 속칭 '때밀이 아저씨'라 불리는 분이 한 명 와 계신다. '이런 동네 목욕탕에 계셔봐야 돈도 못 벌 텐데' 싶어 또 습관처럼 남 걱정을 시작한다.

밤에 사람 없는 목욕탕에 자주 가다 보니 때밀이 아저씨와도 안면이 쌓여 언젠가부터는 간단한 인사도 주고 받는다. 오늘은 밤에 아무도 없는 목욕탕에서 혼자 뉴스를 보고 계신다. 주섬주섬 탕에 들어갈 준비를 하는데 아저씨께서 '총각은 직장 다니나?'라고 물어보신다. '예'라고 했더니 '월급쟁이 할 때가 제일 행복할 때요'라며 좀 힘들어도 참고 다니면서 열심히 돈 모으라고 충고까지 해주신다. 자신은, 작지만 꽤 탄탄했던 중소기업을 운영하고 있었는데 부도가 나버리면서 하루아침에 먹고 살 길이 없어져 '때밀이' 일을 시작했다고 한다. 사람 없는 밤의 목욕탕을 혼자 지키며 외로우셨던 것일까. 오늘따라 아저씨는 제 인생 역정을 줄줄 늘어놓으시면서, 조금은 감정이 격해지신다.

옷을 홀랑 벗은 채로 아저씨 얘기를 진지하게 듣고 있다보니 갑자기 좀 머쓱해진다. 탕으로 들어가며 아저씨에게 1만원을 내고 때를 밀어달라고 말씀드렸다. 삶의 마지막에서 움켜쥔 아저씨의 '이태리 타올'이 내 몸의 때를 벗겨내기 시작한다. 서투르긴 했지만, 절박한 삶의 의지가 느껴진다.

만년 과장

아무것도 모른 채 하루 종일 허둥지둥대기만 하다가 퇴근하던 신입 사원 시절, 한참 연배가 높은 B과장이 내게 해주던 말이 기억난다. '신입 사원이라고 윗사람들 말에 너무 예, 예, 거리면 안 된다. 윗사람들에 대해 예의는 지키되 니가 할 말은 분명히 하고 상식적으로 틀린 것에 대해서는 분명하고 똑똑하게 그건 틀렸다라고 말할 수 있어야 한다.' 바로 위의 젊은 선배도 아니고 삼촌뻘 되시는 회사의 중견 사원 분에게 그런 말을 들으니 그건 내게 대단히 인상적이었다. B과장은 적지 않은 나이에도, 회사와 조직에 대한 맹목적인 충성 이전에, 상식과 인간됨을 강조하시던 소위 말하는 '강성'이셨다. 물론 회사는 B과장을 곱지 않은 시선으로 바라보았지만 신입 사원이던 나는 그의 말 한마디, 한마디가 너무 고왔다.

회사에서 곱지 않은 시선을 받다 보니 결국 그는 몇 번의 진급에서 미끄러졌으며 벌써 10년째 과장 신세를 면치 못하고 있다. 부서 행사가 있어 전부서원들이 다 모인 날, 오랜만에 B과장을 만날 수 있었는데 그를 둘러싼 퇴출에 대한 루머들을 그도 알고 있는지 예전에 비해 훨씬 늙어 보였고 고분고분해지신 것 같다. 상사의 말에 예전에 없던 큰 목소리로 '예'를 외치는 낯선 모습도 보인다. 그러나 나는 그가 변했다고 생각하지 않는다. 삶의 구체적인 위기 앞에서 잠시 주춤하고 있을 뿐. 나에게 B과장은 여전히 '아름다운 강성'이다.

일보다 중요한 것

　고객과 만나기로 한 약속 시간이 다가와 급하게 서류 챙겨서 사무실을 나와 엘리베이터를 기다린다. 약속 시간에 다소 민감한 고객이라 1초가 빠듯하지만 엘리베이터는 제일 윗 층부터 매 층마다 정지하며 천천히 내려온다. 속은 타 들어가고 계속 조바심을 내보지만, 오늘따라 유독 엘리베이터의 하강 속도가 느리다.

　드디어 엘리베이터 문이 열린다. 미리 탑승한 사람들을 보니 모두 파란색 작업복을 입은 빌딩 청소 아주머니들이다. 아마도 점심시간이라서 층마다 아주머니들을 다 태우며 내려오느라 엘리베이터가 그렇게 느렸나 보다. 고된 작업을 끝내고 잠깐 쉴 수 있는 점심시간을 위해 엘리베이터를 층마다 세운 아주머니들. 순간 고객과의 약속이 생각나며 '왜 하필 내가 타는 이 시간에'라며 혼자 짜증섞인 표정을 지었다. 그때, 내 옆에 서 있던 50대 아주머니가 날 보며 말한다. '우리 아들 대학생인데, 졸업하면 총각처럼 높은 빌딩에서 일해야 될 텐데.' 순간, 아주머니의 얼굴에 내 어머니의 얼굴이 오버랩된다. 갑자기, 고객과의 약속 '따위' 때문에 우리 어머니들의 점심시간에 짜증을 부린 내가 끝없이 부끄러워진다. 그래, 우리들은 모두 작업복 입은 어머니들의 자식들인 걸.

　'청소 유니폼을 입는 순간, 빌딩 사람들은 우리를 무생물처럼 본다'라던 한 청소 노동자의 말을 떠올린다. 엘리베이터는 계속해서 한 층, 한 층 꾹꾹 밟아가며 청소 아주머니들을 태우고 있었고 엘리베이터에서 내리던 순간, 나는 인생에서 중요한 건 고객과의 약속이 아니다,라는 것을 깨닫고야 말았다. 퇴근길에 어머니가 좋아하시는 단팥빵을 사가야겠다.

만보기

선배 아이의 돌잔치에 갔더니 기념품으로 만보기를 나누어 준다. 재미삼아 허리에 차고 하루 다녀봤는데 그때 그때 볼 때마다 숫자 올라가는 것을 확인하는 재미가 쏠쏠하다. 오늘 아침에 양복바지 입을 때부터 허리에 장착한 후, 퇴근하여 저녁에 다시 옷 갈아입을 때 확인한 최종 스코어가 4.2킬로미터이다. 외근이 많은 직업인데다 원체 잘 못 앉아 있는 성격이기도 하고 사무실에서도 마치 당구장처럼 서서 계속 왔다갔다 하는 스타일이다 보니 하루 종일 꽤 걸어다닌다고 생각했는데 실제 걸어다닌 거리가 이것밖이라니 다소 실망스럽다.

대학을 다닐 때는 귀에 이어폰을 꽂고 음악 들으며 걸어다니는 것을 좋아했던 데다가 워낙에 사람 많은 곳을 싫어하고 어지간한 거리는 걸어서 해결했으니, 아마도 대학을 다닐 때 만보기를 측정했다면 하루에 족히 15킬로미터는 걸었을 것이다. 세상속을 걸어다니고 사람들을 스쳐 지나가며, 졸업하면 세상 속 어디에 뿌리내릴 수 있을까를 고민하던 시절. 길을 걸어다니며 나는 세상 넓다는 것을 알았고 세상엔 참 많은 사람들이 있다는 것을 알았던 것 같은데 오히려 사회생활을 시작하고 나서부터는 1평 남짓한 내 사무실 책상에 앉아 세상을 보고 사람을 접하고 있으니, 훨씬 더 시야가 좁아지고 마음이 건조해진 것 같다.

일부러라도 걸어다니고 일부러라도 뛰어다녀야겠다. 건강은 둘째치고라도 마음이 말라가서 못 살겠다.

사회 초년병

입사 3개월째인 신입 사원 W는 J대리를 그림자처럼 따라 다니며 업무를 배우고 있다. 소위 사수와 부사수의 관계인 것이다. 사실 그의 사수인 J대리는 그리 평판이 좋은 사람은 아니다. 자주 '잘난 척'을 하고 자기중심적이라 동료들과 잦은 마찰을 빚는 사람이다. 군대든 회사든 처음 만나는 '사수'가 어떤 사람인지가 중요할진데 그런 의미에서 다른 선배 직원들은 J대리를 사수로 맞은 신입 사원 W에게 동정어린 위로를 던지곤 한다.

아나나 다를까. 신입 사원 W는 사수인 J대리 아래에서 고전을 면치 못하고 있다. 이제 처음 일을 배우기 시작한 W는 자신의 의지나 열정과는 상관없는 사소한 실수들을 쏟아내고 있고 깐깐한 J대리는 그걸 그냥 넘어가는 법이 없다. 옆에서 듣고 있기 거북할 정도로 야단을 치고, 자주 심한 말도 하고 가끔은 서류도 집어 던져 버린다.

모두가 퇴근한 사무실에서 J대리가 던져놓은 서류를 복사하고 있던 W에게 다가가 위로를 던진다. '힘들지? 조금만 지나고 일에 익숙해지면 차츰 나아질거야. 네 사수가 힘들게 해도 참아라'고 했더니 W는 의외로 담담했다. '선배님, 오히려 목표가 생겨 좋습니다. 빨리 일 배워서 저도 한 몫 해야죠'라며 씩 웃었다. 그래 빨리 일 배워서 나중엔 네 사수를 부끄럽게 만들어 버리렴. 누구보다 힘든 사회 초년병 시절을 지나면서도 굳센 의지를 잃지 않는 W를 보니 마음이 든든해진다.

동네북 S대리

마음씨 좋고 남 해꼬지 못하고, 남에게 절대 싫은 소리 하지 못하는 S대리. 워낙에 착하고 고운 심성 탓인지 가끔 너무 '물러 터진' 듯한 모습에 자주 상사들의 동네북이 되곤 한다. 실적에 독기를 품은 여타 직원들과는 달리 눈 앞에 있는 실적도 남에게 양보하고, 그래서 고과는 눈뜨고 남에게 뺏기기만 하여, 서른 여덟의 만년 대리 신세를 면하지 못하고 있다. 스스로도 그렇게 말하지만 그는 정말 욕심이라고는 없는 사람 같다. 입사이래 계속해서 부진한 고과를 받아오며, 해마다 연봉이 또 삭감됐다며 부인에게 '미안하다'는 말밖에 못하던 그가, 어제 퇴근 직전 드디어 승진했다는 소식을 접했다. 팀원들도 다같이 8년만의 승진에 진심어린 축하를 건넸다.

다음날, 승진 기념으로 S대리가 한턱 쏘겠다 한다. 얼큰하게 술이 오르자 기분이 좋아진 그가 일어서서 크게 말했다. '어제 집에 가자마자, 입사 후 8년만에 연봉 올랐다고 잠자던 마누라를 깨워서 둘이 꼭 끌어안았습니다. 기분 좋습니다!' 태연한 척 했지만 지난 8년간 얼마나 남몰래 속앓이 했을지를 생각하니 내 몸에도 전류가 흐른다. 평소의 숫기 없던 그가 술집에서 환호성을 지르며 자신의 승진을 자축하니 다른 손님들도 이쪽을 향해 박수를 보내준다. 격앙된 S대리가 소줏잔 높이 들며 외친다. '위하여!' 나는 선배를 축하하기 위해, 내 마음이 너무 좋아서, '위하여!'를 함께 외쳤다. 그의 승진은 우리 모두의 기쁨이었다.

학자금

나이 마흔 셋인 K과장의 큰 아들이 이번에 대학에 입학한다. 본인의 고백에 의하면 '군대 있을 때 사고치는' 바람에 나이 스물 셋에 결혼을 해서 첫 아이를 낳았고, 그 아이가 벌써 대학에 들어가니 또래 과장들에 비하면 무척 진도가 빠른 편이다.

K과장이 비슷한 동년배 과장들의 부러움을 한 몸에 받는 이유는 자녀의 대학 입학으로 인해 회사에서 만만찮은 '학자금'이 나오기 때문이다. 대체로 서른을 전후해 결혼을 하고 사십대 후반이면 퇴출 당하기 마련인 세상에서, 자녀가 대학을 다닐 때까지 직장에서 살아남는 사람들을 보기는 힘든 시절이다. (모 과장은 자녀의 대학 입학시 학자금 지원 제도가 있는지조차 몰랐다고 한다) 올해 서른 일곱인 P과장은 이제 3살된 제 아이를 생각하면 '깜깜하다'며, 아이를 하나 더 가질 엄두가 나질 않는단다.

과장 세대들의 말을 듣고 있는, 나를 비롯한 노총각들의 마음 또한 심란하기 그지없다. 이제 서른을 넘어서며 본격적으로 노총각 냄새 폴폴 풍기고 있는 우리들로서는 기약없는 결혼, 한정된 직장 생활, (아직 있지도 않은) 자녀교육, (오려면 한참 먼) 노후 계획 들을 생각하면 깜깜하기는 마찬가지다. 동료 노총각 L대리가 '우리는 자식들 대학 보내서 학자금 받을 때까지 질기게 살아 남자'고 말한다. 호기롭게 '그러자'고 말하긴 했지만 L대리도 나도, 그게 가능한 일이라고는 생각하지 않는다. 오늘도 우리는 로또를 샀다.

볶음밥

사무직 직장인들에게도 여름은 힘든 계절이다. 특히 외근이 많은 직장인의 경우는 더욱 그렇다. 오늘은 K대리의 무용담이 화제다.

오전에 외근을 나간 K대리. 업무를 보던 중 점심을 먹으려는데 주변에 식당이 보이질 않더란다. 살인적인 더위에 오전의 스트레스가 가중되어 사막의 오아시스를 찾는 심정으로 거리를 헤매다가 겨우 저 멀리 보이는 식당을 발견한 K대리. 〈XX볶음밥〉이라는, 2층에 위치한 식당을 찾아 올라갔지만 식당 안에 밥 먹는 사람은 없고 어딘가 아파보이는 사람들이 차례로 앉아 있으며 간헐적으로 아이들의 울음소리가 들리더란다. 뭔가 이상하다 싶어 다시 한번 식당의 간판을 봤더니 그곳은 〈XX볶음밥〉이 아니라 〈XX복음외과〉라는 병원이었단다.

"만약 내가 병원에 들어가서 '여기 볶음밥 하나만 주세요'라고 했으면 아마 나는 정신병원에 응급 후송 되었을거야"라며 웃음을 터뜨리는 K대리. '벌써 헛것이 보이는 나이인가'라며 씁쓸한 웃음을 짓는다. 양복을 차려입고 멀쩡하게 생긴 회사원이 '복음외과'에 들어가 '볶음밥 하나 주세요'라고 외치는 풍경을 가만히 생각해 보니 나도 웃음이 멈추질 않는다. 여름은 덥지만, 약간은 헐렁해진 직원들의 귀여운 실수가 속출하는 시절이라 좋다.

금요일은

미끄럼틀

꼭데기!

토요일 일요일

순식간에

미끄러져

내려 가겠지만

...

즐거운

꼭데기.

금

목

수

토

일

금요일

휴가 일정 신경전

현충일이 월요일이라 주말과 함께 3일 간의 연휴가 주어졌다. 이런 일이 있을 때마다, 연휴 앞뒤로 하루씩 개인 휴가를 붙여 아예 5일 정도 멀리 떠나 버리려는 직원들이 많다. 제조업체처럼 아예 기계를 멈춘 채 임시 휴업할 수 있는 직종이 아니어서, 2명이 같은 날에 휴가를 쓸 수가 없다. 평소 뜨거운 전우애로 뭉친 팀원들도 휴가와 같은 민감한 문제는 남에게 양보하기가 쉽지 않다. 이런 경우엔 언제나 가장 절박한 사유를 가진 직원이 휴가자로 선정되고 '좀 쉬겠다' 라는 것은 아예 얘깃거리도 되지 못한다.

이번 연휴에는 노총각 P대리가 휴가자로 선정되었다. 얼마 전 시작한 연애로 최근 물이 올라 있는 P는 '애인과 여행을 다녀오겠다. 한번 밀어 달라' 며 직원들에게 유세를 시작했다. 유력한 경쟁자는 장모님의 회갑 행사를 주장하던 K과장이었다. 하지만 K과장의 장모는 3년 전 회갑 행사를 치뤘음이 모 직원에 의해 '발고' 되면서 우리는 '장모님을 만들어야' 하는 P대리의 밀월 여행을 지지했다. (나도 노총각이지만 지난 몇 번의 휴가 기회에서 실패를 거듭했기에 이젠 후보에서 제외되었다.) 휴가 기간은, 직원들의 사적인 욕망이 거의 유일하게 충돌하는 시간이다. 나로서는 그 팽팽한 긴장이 재미있다.

왕년의 자유 영혼

지친 몸과 마음을 이끌고 퇴근길에 잠시 할인 마트에 들렀다. 매장 안을 걷고 있는데 갑자기 전체 방송이 나온다. "1층 식품점 육류 매장에서는 지금부터 딱 30분간만 최고급 한우 500그램을 특별한 가격에 모시고 있으니 고객 여러분의 많은 애용 부탁드립니다. 지금부터 딱 30분간만입니다." 어디서 많이 들어본 듯한 목소리라고 생각은 했는데, 1층을 지나며 슬쩍 방송데스크 쪽을 쳐다 봤더니, 아뿔싸, 방송을 하고 있는 사람은 나의 대학 졸업동기인 P였다.

P가 누구인가. 대학 시절 음악을 한답시고 머리를 치렁치렁 기르고 가죽바지를 입고 다니며 강의실보다 공연장에 더 자주 출몰하던, 일찍부터 미래에 대한 불안에 쌓여 취업에 목매고 있던 다른 동기들과는 완전히 다른 삶을 살 것 같았던 자유로운 영혼 아니었던가. 그런 그가 지금 대형 할인 마트의 관리 직원이 되어 머리를 짧게 깎고 할인 마트의 유니폼 조끼를 입고 무전기를 찬 채 '30분 밖에 남지 않은 최고급 한우의 할인 행사'를 너무 진지한 표정으로 방송하고 있는 모습을 보니, 나는 갑자기 웃음이 났다.

대학 시절에도 P와는 뭐 그리 절친한 사이는 아니라 '업무 중인' P에게 아는 척은 하지 않고 그냥 멀리서 그의 '삶의 현장'을 바라만 본다. 아, 예전의 그 수많은 자유로운 영혼들. 모두 머리 짧게 깎고 세상 속에 푹 파묻혀 버렸구나. 모두들 잘 살고 있습니까?

금요일에 하는 수목드라마

밤의 사무실은 적막하다. 팽팽한 긴장감 속에서 탁탁탁 키보드 치는 소리와 서걱서걱 서류 넘기는 소리만 들려올 뿐. 섣부른 농담 하나 던지기가 부담스러운 분위기에서 하루 동안의 스트레스를 삭이고 퇴근에 대한 집념으로 뭉친 직원들은 컴퓨터와 하나가 되어 있다. 퇴근이 늦어지는 직원들은 책상 유리판 아래 끼워둔 가족 사진을 보며 잠시 숨을 돌린다.

사무실에서 유일하게 남을 웃겨보려는 의지를 가지고 있는 H과장. 얼음장같은 분위기를 깨고 그가 한마디 던진다. "금요일에 하는 그 수목드라마 제목이 뭐지?" 옆에 있던 L과장이 맞받아친다. "이 사람아, 금요일에 하는 수목드라마가 어디 있나?"

순간, 모니터만 보고 있던 직원들 사이에서 동시 다발로 웃음이 터지기 시작했고, 뭐 그리 웃긴 얘기도 아닌 사소한 말실수에 직원들은 정말로 10분 동안 최대한 경박하게 웃어 댔다. 가슴 속에 돌덩이 하나씩 턱 얹고 사는 사람들이라 그런지, 웃어도 되는 상황이 생긴 김에 억지로라도 큰 소리로 웃어 보고 싶었던 모양이다. 스스로 감정 없이 돌아가는 기계가 아니라는 것을 증명하는 방법은 오직 웃는 것 뿐이라는 듯, 오늘밤 직원들의 웃음소리는 하늘을 찔렀고, 우리는 즉시 '뚜껑을 덮고'(컴퓨터를 끄고) 즐겁게 술을 마시러 갔다.

아들과 떠나는 여행

C과장의 근심이 늘어가고 있다. 사연인즉슨 이러하다. 중학생인 큰아들이 자신의 주민등록번호를 도용해 성인 사이트에 가입해 있더라는 것이다. (하지만 우리의 관심은 'C과장이 어떻게 그 사실을 알게 되었을까?' 라는 것에 있었다.) 착하게 공부 잘하며 쑥쑥 커가는 줄만 알았던 아들의 사춘기가 시작되었다는 사실, 그리고 그것에 대해 충고할 방법을 찾지 못하겠다는 것이 그의 고민이었다. 직원들이 몇 가지 해결 방법을 제시했지만 그 모든 방법들은 기본적으로 아들과 대화를 해야 가능하다는 점 때문에 C과장을 곤혹스럽게 했다. '입사해서 결혼하고 대리, 과장이 되니, 어느 날 아들이 중학생이더라' 며 C과장은 한숨을 지었다. 자신의 존재란 그저 아들의 생활기록부에 아버지의 직장과 직업 쓸 칸을 채워주는 것뿐인 것 같다며 씁쓸해했다. 어렵지만, 아들과 여행을 가겠다며 그는 직원들의 '화이팅' 소리를 뒤로하고 휴가를 냈다. 다시는 단란주점도 가지 않겠다는 다짐을 덧붙여.

영화배우 성룡의 일화가 생각난다. 한참 바쁘게 활동하다 아들의 초등학교 졸업식에 억지로 시간을 냈는데 학교에 아들이 보이지 않더란다. 아들에게 전화를 했더니 한숨과 함께 아들이 말했다. '와줘서 고마워요 아빠. 하지만 전 고등학생인걸요'

나는 장담한다. 그 어떤 대한민국 직장인도 성룡보다 덜 바쁘지는 않을 것이다. 사무실을 떠나며 자신의 사무(私務)를 챙기러간 C과장은 성룡보다 멋있었다.

불의

K대리의 불같은 성격은 정말로 국가 대표감이다. '불의를 보면 참지 못하는' 이라는 식상한 표현 외에는 그를 설명할 다른 말이 생각나지 않을 정도로 그는 세상의 모든 불의 앞에 기꺼이 그의 몸을 들이댄다. (그렇다고 해서 그가 모든 불의를 해결하는 것은 아니다. 가끔 또 다른 불의의 희생양이 되기도 한다.) K대리 자신의 말에 의하면 스스로 정의감이 투철하다거나, 시민의식이 성숙해서가 아니라, 그냥 '눈에 밟히는' 걸 보면 마음보다 몸이 먼저 움직여 버린단다. 버스에서 경로석에 앉은 채, 할머니가 옆에 서 있는 것도 모르고 귀에 이어폰을 꽂은 대학생에게 한 소리 했다가 시비가 붙는가 하면, 극장에서 새치기하는 사람에게 일일이 번호표를 확인하며 한 소리 하다가 또 시비가 붙기도 한다. (하긴 K대리는 군대시절 휴가중에, 불과 2~3살 어린 고등학생들이 길에서 담배피는 걸 보고 꾸짖다가 시비가 붙어 휴가의 절반을 파출소에서 보낸 적이 있다고 하니, 그의 '응징의 역사' 는 꽤 유구하다.)

오늘 K대리의 얼굴에 작은 생채기가 나왔다. '무슨 일 있어요?' 라고 물었더니 '어제 퇴근하는데 지하철에서 말이야' 로 시작하는 무용담을 늘어 놓는다. 퇴근길 지하철에서 술취한 40대 중년이 옆에 앉은 여대생에게 치근덕거리자, 또 '몸이 앞서는' 바람에 취객과 시비가 붙어 멱살까지 잡았다고 한다. 제 한 몸 건사하기도 힘든, 제 한 몸 지키기도 힘든 시절에, 그래도 K대리를 보면 내 마음속의 공공연한 이기심이 부끄러워진다.

침묵

  신입 사원 K가 답답함을 털어놓는다. 상사가 불러서 갔더니 대뜸 '오늘 니가 한 게 뭐야?' 라고 물어 보더란다. '오늘은 이걸 했고, 저걸 했고, 이 일을 배웠고, 그걸 정리했고.' 라며 하나하나 말하려니 스스로 좀 구차해지고, 그렇다고 아무말 하지 않으려니 그것도 억울하더란다. 선뜻 말하지 못하고 망설이는데 상사는 '그래서 하루 업무에 대한 계획을 잘 짜서 해야 하는거다' 라며 일장 연설을 늘어 놓더란다. 아마도 그 상사는 결국 '하루 업무 계획의 중요성' 을 말하기 위해 답하기 난감한 질문을 먼저 던지며 시작했던 것 같다.

  어떤 사람이 권위적인지 아닌지 판단하는 몇 가지 기준들 가운데 하나는 그가 '어떤 질문을 던지며 이야기를 풀어가는가' 이지 않을까. 즉, 자신의 말을 하기 위해, 답하기 곤란한 질문을 먼저 던져서, 그 질문에 답하자니 구차해지고 답하지 않으려니 멍청해지는, 대답할 사람을 바보로 만들어 버리는 '이기적인 질문' 을 던지는 사람들은 대체로 권위 지향적이며 후배 직원들과 허물없는 의사소통을 원천적으로 봉쇄하는 사람이다. 직장 생활 중에 우리는 얼마나 많은 '답하자니 구차해지고, 말하지 않자니 멍청해지는' 질문들을 견뎌내며 살고 있을까. 어쩌면, 우리가 입 꾹 다물고 참는 것은, 상사에 대한 복종을 의미하는 것이 아니라, 스스로 구차해지지도, 멍청해지지도 않으려는 포기할 수 없는 자존심 때문이 아니겠는가. 월급쟁이들이 할 수 있는 최고의 항명은 바로 침묵이 아닐까. 우리는, 몰라서 말 안하는 게 아니다.

비밀

　사무실 직원들과 하루 종일 같이 있으면 서로가 서로에 대해서 모르는 게 없고, 가족들보다도 서로의 신상에 대해 더 잘 알고 있다고 생각하지만 동료들이 가끔씩 털어놓는 '꿈에도 생각지 못했던' 비밀을 들을 때면 자주 당황하게 된다. 결혼 전에 오래 사귀었던, 헤어진 여자 친구의 연락을 받고 부인에게 들킬까봐 전전긍긍하는 K과장. 맞아 죽을 각오로 자신이 바람을 피우고 있음을 슬쩍 고백하며 고민을 풀어놓는 L대리. 누가 봐도 단란하고 행복한 결혼생활을 이어나가는 것 같은 S대리가 흘려 놓는 부인과의 심각한 불화들. 직원들이 가끔 털어놓는 비밀들을 듣고 있다보면, '이렇게 힘들게 일하면서 저런 마음 고생까지 하고 있으면 힘들어서 어떻게 사나' 싶어 조금 안타깝기도 하지만, 달리 생각해 보면 회사 사람들이 일에만 파묻혀 있지 않고 (다소 부적절한 관계들이 많긴 해도) 어쨌든 회사 밖에서 개인적인 삶을 만들어 가고 있는 것에 웃음이 나기도 한다.

　나에게도 비밀은 많았던 것 같다. 누가 볼까 봐, 혼자 쓰는 블로그에도 적지 않은 나의 비밀들. 그래 사실 예전에는 '때려죽여도 심장 속에 품으며 살리라' 다짐했던 비밀이 많았던 것 같은데, 바쁘게 살면서 자주 나의 비밀 번호를 까먹으니 내 비밀이 뭐였는지도 잘 모르겠다. 20대 때, 절대로 포기 못 하는, 심장 속에 품고 살려 했던 나의 비밀들. 다 어디로 갔을까. 도대체 무엇이었을까. 비밀이 없는 사람은 결국 세상에 잡아먹혀 버릴 텐데.

입을 다물고 있으면

뭐라고 변명이라도 좀 해 봐!

답답해 미치는거 보고 싶어?

뭐라고 변명을 하면

무슨 변명이 그렇게 많아!

일을 이렇게 해 놓고도 할말이 있어?

… 어쩌라구?

당당함

반가운 소식이 날아들었다. 대기업에서 근무하던 대학 선배 K는 1년 전 회사의 비상식적인 처우와 상사의 불합리한 요구에 발끈하여 총대를 메고 강하게 항명하다가 결국 사직서를 제출하고 회사를 떠났다. 서른여섯의 나이에 결혼도 늦었던지라 이제 돌도 지나지 않은 첫 아이가 있어 주변 사람들 모두 그의 미래를 걱정했지만 정작 K선배는 태연했다. '내 아이를 봐서라도 비겁하게 살 순 없었다.' 사직서를 제출한 후 만난 술자리에서 그는 모두의 걱정에 코웃음을 치며 당당하게 말했다.

그 후, 공부하러 들어간다며 연락이 끊겼던 K선배에게서 반가운 전화가 걸려왔다. 사직 후 1년간의 준비 끝에 모 공기업에 당당하게 합격했다는 것이다. 오히려 당사자보다 더욱 그의 미래를 걱정하며 누구보다 선배가 잘 되기를 바랬던 나로서도 뛸듯이 기쁜 소식이었다. K선배의 합격을 축하하기 위해 대학 선후배들이 모두 모인 술자리에서 모두가 안정된 직장에 취직한 그를 축하하고, 부러워했다. 하지만 나는 안다. 그는 직장의 안정성과는 상관없이, 비상식적이고 불합리한 처우에 대해서는 여전히 분노를 잃지 않을 것이며 기꺼이 조직 내에서 건강한 불화를 만들어 갈 것이다. 처자식을 위해 회사의 몰상식을 참고 견디는 것 보다는, 처자식을 위해 몰상식에 싸우는 것. 그것이 지금까지 선배의 인생을 밀어왔던 힘이라는 것을 최소한 나는 안다. 그의 인생은 여전히 불안할 것이고, 그래서 당당할 것이다.

사내 인간 관계

'선배, 핸드폰 새로 만들면 꼭 연락 드릴께요. 선배 결혼할 때 꼭 연락 주세요. 제 결혼식에도 꼭 오시구요.' 얼마 전 사직서를 내고 다른 길을 찾아 떠난 후배 K. 같이 근무하던 시절 회사에서 바로 내 밑에 처음 들어온 직속 후배이자 서로의 속내를 다 보여주면서 친형제처럼 살갑게 지내던 후배이다. 해를 넘기면서 발령이 나는 바람에 나는 K와 떨어져 있어야 했고, 그 후 얼마 지나지 않아 K는 그 사무실에서 사직서를 제출했다. K가 회사를 그만두고 싶다는 말을 했을 때, 나는 누구보다도 서운했지만 누구보다 그의 결정을 지지해 주었다. 개인적인 서운함 때문에 앞날이 창창한 후배를 붙잡을 수는 없었던 것이다.

상사들과 면담을 하고 퇴사가 결정되던 날, 점심 시간에 짬을 내어 시내 삼계탕집으로 K를 불러냈다. 나는 아쉬운 마음을 달래며 K의 앞날을 응원해 주었고 K는 '회사는 떠나도 선배는 잊지 않겠습니다' 라며 그동안의 우정을 확인해 주었다.

그로부터 벌써 4개월이 지났고 K에게는 연락이 없다. 새로운 일을 시작하느라 많이 바쁘고 정신없을 것이라는 걸 충분히 짐작하지만 그래도 서운한 마음이 드는 것은 어쩔 수 없나 보다. 나는 한번도 K를 사무적으로 대한 적이 없었는데, 회사에서 맺은 관계에는 한계가 있기 마련일까. 한번 서로가 다른 삶을 살기 시작하면 다시는 못 보게 되는 경우가 세상에는 많구나. 직장인들은 그 사실을 잘 알기 때문에 미리 인간적인 접근의 수위를 조절하는가 보다. 나는 그만큼 냉정하진 못해서 그런지, 아직 K의 새 핸드폰 번호를 기다린다.

후배

　성격 탓인지는 모르겠지만 아무래도 나는 회사의 선배들보다는 후배들과 더 친분이 두텁다. 이상하게도, 아무리 잘 해 주는 회사 선배들보다도, '개기는' 회사 후배들에게 더욱 정이 간다. 아직 결혼도 하지 않고, 지켜야 할 가정도 없어서 시간과 몸이 자유로운 노총각 인생이라 그런지, 혹은 한 후배의 지적처럼 '저능한 정신연령'의 소유자라서 그런지 두세살 어린 회사 후배들과 놀고 얘기하는 게 아직은 즐겁다.

　곰곰이 이유를 생각해봤더니 내 성격 자체가 '일정 정도의 불안을 즐기기 때문이 아닐까' 하는 생각이 든다. 회사의 선배들과 얘기하며 정겨운 덕담을 듣는 것은 푸근한 일이지만 재미가 없다. 결혼을 하고 아이가 자라고 있으며 노후를 준비하고 재테크에 열중하는 것. 선배들의 덕담은, 이미 너무 많은 것이 결정되어 버린 인생이라 그런지 아직 인생의 아무것도 결정되어 있지 않은 내 입장에서는 별로 자극이 되지 않는다. 하지만 아직도 나처럼 결혼을 고민하고 계속해서 사표 충동을 느끼며 여전히 대학생을 부러워하고 (선배들은 주로 공무원을 부러워하지만) 다 내팽개쳐 버리고 어딘가로 떠나버리고 싶어 하는 '팔팔한' 후배들과 서로의 욕망을 주고받는 일은 여전히 내겐 자극적인 일이다. 내가 하나둘씩 포기하려 하는 것들을 여전히 심장에 품고 사는 후배들. 후배들을 좋아하는 이유는 많지만, 후배들에게서 배우는 것은 더 많다.

워커홀릭

대학을 졸업할 무렵, 선뜻 직장 생활을 선택하기가 두려웠던 이유는, 나는 뭘 하더라도 나의 적성이나 취향, 기호와는 상관 없이 결국 워커홀릭이 될 거라는 사실을 스스로 잘 알고 있었기 때문이다. 같이 일하는 사람에게 싫은 소리 듣는 걸 병적으로 싫어하고 뭐 작은 것 하나라도 꼬여 있으면 밤새도록 잠 못 들고 고민한다. 게다가 끝없이 스스로를 압박하고 강제하는 타고 난 '자기 채찍형' 성격은 오랫동안 스스로 나를 괴롭혀 온 원인이었다. 아무 일도 하지 않고 아무 신경 쓸 것도 없을 때는 스스로 무서울 정도로 (다소 잔인하게) 관계를 맺고 끊지만, 어떤 일을 하고 있을 때는 온통 그 일에 신경이 쓰여 다른 아무것도 보지 못하는 유약하고 겁많은 성격.

정말 '아니나 다를까' 싶게도, 입사한 지 불과 몇 년 되지도 않아 나는 충분히 예상 가능했던 모습의 워커홀릭이 되어 출근 명령도 없고 별 할 일도 없는 주말의 사무실에 혼자 앉아 멍청하게 인터넷으로 음악이라도 몇 곡 듣고 와야 마음이 편한 인생을 살고 있다. 보다 못한 선배는 나의 일 중독증을 타개하는 방안으로 다른 지역에 사는 사람과 연애할 것,을 제안했다. 들어 보니 그럴 듯 하기도 하다. 주말에 일부러라도 아주 먼 곳으로 가버리는 것. 일에서 벗어나려고 일부러 연애하는 것이 웃기는 일이긴 하지만, 나는 웃기는 걸 좋아하니까. 뭐.

위기감

사실 나는 워낙 자기 중심적인 성격이라, 다른 사람 일에 신경이 쓰인다거나, 다른 사람의 능력, 욕망, 돈이 부러웠다거나 하는 건 별로 없는 편이다. 하지만 문득 내가 격렬한 질투에 휩쌓일 때가 있는데, 정말로 감동적인 책이나 영화를 보고 났는데 그 작가나 감독이 나와 동년배일 경우 정말 참을 수 없이 그를 질투하며 스스로 열패감을 느끼는 경우가 많은 것이다. 나와 같은 시대를 살아오며 같은 숫자의 나이를 먹어온 사람들이 너무도 성숙한 사유를 진행시킬 때 가끔 나는 내 나이가 부끄러워지곤 한다.

기형도 시인을 생각한다. 그가 심야극장에서 주검이 되었을 때 그는 고작 스물아홉이었다. 스물아홉 이전에 진행시킨 모든 사유가 오늘의 사오십대 작가들에게 끝없는 찬사를 받고 오늘의 삼사십대에게 인생을 가르치고 있는 것이다. 나는 그의 문학적 재능이 부러운 것이 아니라, 비슷한 나이에도 끝없는 팽창과 집중을 이루어낸 그의 단단한 우주가 부러운 것이다.

계속 그런 생각을 하고 있다. 삶의 폭과 시야가 좁아지고 있으며 너무 얄팍한 삶을 살고 있는 것이 아닐까. 이제는 정서의 후퇴만이 남아 있는 게 아닐까, 하는 위기감. 결혼하고 아이를 낳고 집을 사고, 주말엔 할인 마트에 가면서 중산층의 삶에 자족해 버릴 것 같은 불안감. 직장 생활이 재미없는 것은 앞으로의 삶이 예측 가능하기 때문이 아닐까. 절대 오지 않는 안정을 위해 끝없는 불안을 견디는 시간이 소모적으로 느껴진다.

뭐야 이거…

우리가 무슨 로봇이야

기계야…   그러게

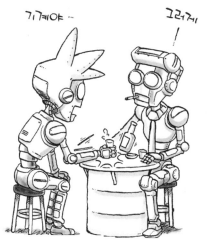

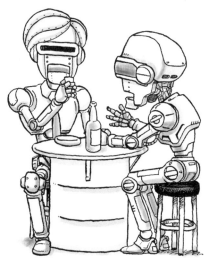

못 해 본 것과 해 왔던 것

〈타임 투 리브〉라는 영화를 봤다. 젊고 유능한 사진작가가 갑자기 시한부 인생을 선고 받은 후 남아 있는 시간 동안 제 인생을 정리하는 과정을 담고 있다. 보고 있으니 공연히 마음이 울적해지기도 하고, 아무리 바빠도 건강은 꼭 챙기며 살아야겠다는 생각이 든다.

영화를 보고 나서 행여 내가 시한부 인생을 선고 받는다면 남아 있는 시간 동안 무엇을 할 것인가 생각해 본다. 어린 시절에는 앞뒤 가리지 않고 젊은 치기로 사고 싶었던 것들을 모조리 사러 다닌다거나, 세계 일주를 한다거나 하는 한번도 해 보지 못했던 타락들만 골라서 한다거나, 뭐 그러고 싶었겠지만, 좀 진지하게 생각해 보니까 그게 정말 아니다.

만약 그렇다면 나는 정말로 아무 말도 하지 않고 그전과 똑같이 살아갈 것이다. 똑같이 출근을 할 것이고 똑같은 스트레스를 받을 것이고 사무실 뒤 분식집 김밥으로 저녁을 때울 것이고 '김대리의 직딩일기'를 쓸 것이며 주말엔 영화를 보러 갈 것이다. 그리고는 지인들을 하나하나 찾아다니며 마지막 수다를 떨 것이고, 하나하나의 안부를 물을 것이며 못다한 고백을 털어 놓을 것이고 상처준 사람에게 용서를 빌고, 모든 세계와 화해하며 떠날 것이다. 그렇게 하루라도 더 내가 살아왔던 대로 똑같이 한번만 더 살아보고 싶을 것이다. 서른이 넘으니 살아가면서 내가 못 해 본 것들 보다는 내가 해 왔던 것들이 더 소중하다는 느낌이 든다.

회사내 루머

　사람들과 회사에서 하루 종일을 함께 생활하다 보면 정말 사소한 것들이 눈덩이처럼 불어나며 뜻하지 않은 소문으로 돌아올 때가 있다. 모처럼 여행을 위해 휴가를 낸 L대리는 '다른 회사에 몰래 면접보러 갔다'는 근거없는 소문에 쌓여 휴가에서 돌아온 후 상사와 어처구니없는 면담을 하게 되었다. 밥 한 끼 사준다는 약속을 계속 지키지 못하다가 어렵게 시간을 내어 후배 여직원에게 융숭한 저녁을 대접한 K는 곧바로 사내 불륜설에 휩쌓여 어려운 시간을 보내고 있다. '연세 많으신 부모님을 모시고 살고 있다'라고 술자리에서 한마디했던 나는 다음날 무슨 소년 가장이라도 된 듯이 직원들의 격려와 위로를 받기도 했다 (아토피 피부염에 걸려 부쩍 얼굴이 좋지 않아진 M과장이 '성병에 걸렸다'는 웃을 수도 없는 오해를 받은 것에 비하면 이 모든 것들은 차라리 양호하다).

　소문의 진원지가 따로 있는 것도 아니고 남달리 입이 싼 직원들이 있는 것도 아니다. 아마도 무거운 사무실 분위기 탓에 잠깐 사무실 밖에서 커피 한잔 마시며, 농담처럼 주고받는 이야기가 사람들의 입을 타고 전해지며 왜곡되고 과장되는 것일 테다. '입조심 해야겠다'는 생각이 드는 한편으로는, 어차피 소문일 뿐이니 사무실 안에서는 기계처럼 차가운 직원들의 이미지가 엉뚱하게 뒤틀리고 희화화되는 모습들이 재미있기도 하다. 그래, 이렇게라도 웃을 수만 있다면 (단지 소문뿐이라면) 나는 망가져도 좋다.

서바이벌 게임

개인 이메일을 정리하느라 각종 스팸 메일과 단체 메일을 지우고 있는데, 몇 년 전에 취업 준비할 때 가입했던 취업 전문 사이트에서 아직도 취업 정보 관련 메일을 보내고 있는 걸 발견했다. 괜한 호기심에 메일을 열어 보고 급기야 그 사이트에까지 찾아가 본다. 쭉 둘러보니 예전에 내가 낙방했던 회사들이 떠오른다. 저 회사에 갔으면 내 인생이 조금은 달라졌을까?라고 생각해 보지만 어차피 그곳에 갔더라도 비슷한 스트레스를 받으며 똑같은 전쟁을 벌일 테고, 나는 여전히 투덜대고 있을 것이다.

그리고 보니 대학 4학년 때 급하게 취업을 준비하면서 인터넷으로 자신의 적성과 성격 등을 분석하여 면접과 직장 생활에서 스스로 고쳐나가야 할 점 등을 조언해주던 서비스를 받았던 기억이 난다. 재미로 해봤던 것인데 당시 나는 '사회생활을 위해서는 거의 전면적인 인간개조를 해야 한다'는 결과를 받아 낙담했던 것 같다. 둥글둥글하지 못하고 사람에 대한 편식이 심하며 고집이 심해서 부러질 위험이 있다, 라는 것들. 그러나 나는 어쨌든 취직을 했고, 여전히 둥글둥글하지 못하며 사람에 대한 편식이 심하고 고집이 세지만, 큰 문제없이 직장에서 살아가고 있다. 전형적인 직장인이란 없다. 자기 성격을 직장에 맞춰가는 사람은 결국 회사에 잡아먹히고 만다. 자신의 캐릭터를 유지하면서, 주변 사람과 잘 섞이는 것. 이제와 생각해 보면 회사에서 살아남는 최고의 방법은 직장에 자신을 내던지는 것이 아니라, 오히려 자신의 정체성을 더욱 굳건히 지키는 것이다.

막내 티

오래전부터 나는 예의바른 사람이 되고 싶었다. 막내로 이것 저것 받기만하면서 살아오다가, 모든 것을 혼자 해내야 하는 사회생활에서 막내 티를 내지 않고, 내가 지녀야 할 최고의 덕성이란 결국 예의라고 생각했던 것 같다. 예의라는 것은 단순히 친절한 말투와 공손한 성격 같은 것들이 아니다. 예의를 지킨다는 것은 주변 사람들을 이용해먹지 않고 내 할 일을 남에게 미루지 않으며 주변 사람들의 삶을 존중해주는 것이다.

내가 지금 이렇게 살고 있는가? 천만의 말씀. 어느새 나도 주변 사람들을 핑계로 삼는 일에 익숙해졌으며 '내가 안 해도 누군가는 해야 될 일'을 내가 하는 법은 절대로 없다. 가끔은 이렇게 사는 게 부끄러워서 두 눈 똑바로 뜨고 세상을 쳐다볼 수가 없다. 회사에 적응이 되고 몸과 마음이 조금씩 편해지고 요령을 배워가면서 어느덧 나는 다시 막내로 돌아가고 있었다.

사무실에서 바로 옆 자리라 휴지통을 같이 쓰는 J대리와 H대리. J대리는 후배이고 일을 잘 하는 사람이지만 퇴근할 때 휴지통을 정리하는 사람은 항상 마음 좋은 선배인 H대리다. 일을 잘 하는 것은 회사에 대한 예의를 지키는 일이겠지만, 같이 쓰는 휴지통을 스스로 정리하는 것은 각자의 삶에 대한 예의를 지키는 일이다. 막내들은 대체로 주변의 동료들보다는 윗사람들을 신경 쓰느라 여념이 없다. 회사에는 막내들이 많다.

3만 원짜리 7종 세트

L대리는 월급쟁이치고는 나름대로 명품족인데 속된 말로 '메이커'인 양복과 와이셔츠, 넥타이가 즐비하다. (물론 모든 명품들을 정가로 사는 것은 아니고 인터넷 쇼핑몰이나 '눈물의 창고 대방출'과 같은 할인 행사를 이용하지만) L대리의 와이프가 워낙 옷가지들을 잘 챙기기도 하지만, 명품을 향한 그의 고성능 레이다망 또한 일반인의 수준을 뛰어넘는다.

직장 생활을 수 년째 하고 있지만 이상하게도 나는 양복 정장에 대한 욕심이 없다. 노총각이라 챙겨주는 사람이 없어서이기도 하고, 아직은 어린 시절에 대한 향수가 남아 있어서 그런지 양복보다는 새로 나온 청바지, 캐쥬얼 티셔츠에 관심이 많고 자주 지갑을 연다. 양복은 계절별로 1벌씩만 있고, 와이셔츠는 대체로 '39,900원에 와이셔츠 7개, 넥타이 7개로 총 49가지의 연출이 가능하며, 선물용으로도 그만인' 이름만 대면 알 수 있는 홈쇼핑 셋트를 입고 다닌다. 주변 동료들은 농담 반 진담 반으로 '옷에 투자 좀 해라. 돈 벌어서 뭐하나' 라고 나를 타박하지만 글쎄, 내 입장에서는 양복을 입는 순간 모두가 똑같은 매트릭스의 스미스 요원들로 보일 뿐인 것을. 명품이면 어떻고 7종 세트면 어떠냐. 어차피 우리는 시스템 내부에서 복제된 인간들일 뿐. 그 속에서 어떤 차이가 있는지 내겐 무의미하다. 오늘도 나는 여름 와이셔츠를 사러 갔다가, 결국 예쁜 반팔 티셔츠 앞에 무릎을 꿇고 말았다.

생업

회사 주차장 출입구 부스를 지키는 젊은 여직원이 있다. 나보다 한 대여섯 살쯤은 어려 보인다. 하루 종일 1평짜리 투명 부스에 앉아서 출입하는 차량을 관리하며, 주차장에 출입하는 운전자들에게 민망할 정도로 깍듯이 인사를 한다.

2006년 여름 월드컵 토고전이 있던 날 밤. 집에 가서 축구 보겠다고 급하게 서류 때려박고 주차장에서 차를 꺼내 나오는데, 라디오도 TV도 나오지 않는 그 한 평짜리 주차장 투명 부스 안에서 그 여직원이 혼자 빨간 붉은 악마 티셔츠를 입고 근무를 서고 있다. 괜히 마음이 싸해져서 주차장 입구를 통과하다가 차 문을 열고 '오늘도 근무해요? 축구 안 봐요?'라고 했더니 '그러게 말이에요. 원래 오늘 비번인데 선배가 근무 좀 바꿔달라고 해서'라며 웃어 넘긴다. '내가 밑에 보니까 직원들 전부 축구 본다고 퇴근해 버려서 차 거의 없어요. 대충 눈치 보고 퇴근해요'라고 말했더니 '괜찮아요. 뭐 팔자라고 생각해야죠'라 힘없이 말한다. 마음이 하도 안 좋아서 주차장에서 차를 뺀 후 캔커피를 한 잔 사서 여직원에게 건네주었다.

집에 오다 보니 거리엔 그 여직원 또래의 젊은 여성들이 온 몸에 태극기와 빨간 천을 두르고 발랄하게 웃으며 거리를 활보하고 있다. 제 또래 친구들이 축구 응원한다고 넓은 거리로 쏟아져 나가 젊음을 폭발시킬 그 시간에 혼자 1평짜리 지하 주차장 부스 안에 빨간 티를 입고 이 멀티미디어의 시대에 라디오 하나 없이 앉아 있을 그 여직원이 생각나 괜히 마음이 아프다. 온 국민의 축제와 충돌하는 자신만의 생업은 고달프고, 아름답다.

이승엽 연봉

야근을 하고 있는 저녁 무렵에 인터넷에 올라온 일본 프로야구 이승엽의 홈런 소식을 보고 '이승엽 또 넘겼다'며 놀라는 것은 이젠 익숙한 풍경이 되어버렸다. '정말 대단하지 않나?', '이승엽이 물건은 물건이야' 한국 프로야구를 평정하고 일본 프로야구에서 적응기를 끝낸 뒤 최고의 타자가 되어 있는 그의 홈런 소식엔, 이승엽과 동갑이면서 매일 사무실에서 야간 경기를 펼치는 나 또한 경이로울 뿐이다.

K과장이 불쑥 말을 던진다. '그런데 이승엽 연봉이 얼마지?', '모르긴 해도 요즘 로또 1등 당첨금 정도는 되지 않겠어요?', '야, 그럼 매년 로또 1등 한 번씩 한다고 생각하면 되겠군.' 직장인들의 낙이라고 해봐야 이승엽의 홈런 소식, 박찬호의 승리 소식, 박지성의 골 소식 등이지만 그것들에 대한 결론은 항상 '그 사람들 연봉은 얼마지?'라며 물어보는 것이다. 우리로서는 상상할 수 없는 거금이니 이미 그건 부러움의 정도를 넘어선 돈이다.

호기심에 계산기를 마구 두드려 본다. 이승엽의 연봉을 50억 원 정도라고 보고, 1년에 약 500타석 정도에 들어선다면 한 번 타석에 들어설 때 천만원 정도를 번다. 1타석 당 스윙을 평균 3번 정도 한다고 보면 이승엽이 스윙 한 번 하면 330만원을 번다. 맙소사. 이승엽이 방망이 한 번 돌리는 게 사무실에서 한 달 내내 야간경기를 하는 내 월급보다 많구나.

집에서 TV로 이승엽의 경기 중계를 보는데, '투 아웃 주자 1, 2루시 타율'이라며 자막이 뜬다. '금요일 원정 경기시 타율'이라는 수치도 뜨는데, 그걸 보니 괜히 기분이 이상하다. 저렇게 돈을 많이 벌고, 저렇게 홈런을 펑펑 날려대는 선수도, 일거수일투족 모든 상황이 모두 통계화되고 수치화되고 있구나, 생각하니 이승엽이나 우리 사무실 직원들이나 큰 차이가 없어 보인다. 그래, 세상에 쉽게 돈 버는 건 없구나. 지금에야 '스윙 한 번에 330만원'이라는 무식한 계산을 뽑아대는, 나같은 사람들의 부러움의 대상이 되고 있지만 이 계산이 나오기까지 밤에 아무도 없는 공터에서 손에 피멍이 들도록 휘둘러댄 스윙은 도대체 몇십만 번이었겠는가. 그래, 남 부러워할 필요없이 이승엽처럼, 나도 지문이 지워지도록 서류를 넘기고 노트북을 두들겨 대며 일해야지. 요미우리에서 나를 부를 일은 없겠지만, 혹시나 동종업계에서 연봉 더 준다며 스카웃 제의가 들어올지 누가 아나. 하하.

장례식

회사 선배가 갑작스럽게 모친상을 당했다. 나와는 절친한 선배라 열 일을 제쳐두고 먼저 뛰어가고 싶었지만 이런 것도 회사의 눈치가 보일 수밖에 없어 퇴근 시간을 손꼽아 기다리다가 급하게 장례식장으로 날아갔다. 부조를 하고, 절을 하고, 상주인 선배의 손을 잡아주는데 평소 나이에 맞지 않게 트롯트를 즐겨 부르고 항상 웃고 다니던 선배가 너무 많이 울어 눈이 퉁퉁 부어 있길래 마음이 영 편칠 않다. 악수를 나누고 선배를 한번 안아 주는데 나보다 키가 작은 선배가 내 가슴에 거의 파묻혀서 내 와이셔츠 등부분을 꼭 쥐며 운다.

나이가 서른을 넘고 사회생활을 하다 보니 내 집안 일이든 남의 집안 일이든 장례식장에 가는 일이 많다.(친구는 나이가 들어간다는 것은 시내의 장례식장과 결혼식장의 위치를 알아가는 것이라고도 했다.) 별 수 없이, 언젠가는 나에게도 닥칠 시간들. 지금 이 상태로 내게도 그런 일이 닥친다면 아마도 나는 평생을 두고 후회할 것이다. 새벽처럼 나가서 새벽같이 들어오고, 집에서는 피곤하다는 이유로 부모님과 아무런 대화도 나누지 않고, 주말에 외식 한번 하는 것만으로 효도를 다하고 있다 생각하다니. 장례식장에 한번 갔다 올 때마다 나는 나이를 한 살씩 더 먹어가며, 내 부모님께 좀 더 다정해져야겠다, 다짐한다.

선배 어머님. 고생 많이 하시다 가신 걸로 압니다. 속세의 근심 걱정들 다 버리시고, 좋은 세상에서 다들 다시 만나요.

홈피 일기

사무실에서 친하게 지내는 K과장과 커피를 마시고 있는데 K과장이 대뜸 말한다. '김대리, 홈페이지 가봤는데, 야, 사무실에서하고는 완전히 다른 사람이더구만' 하도 회사 욕과 업무적인 스트레스에 대한 글을 많이 써 놔서 일부러 회사 사람들에게는 알려주지 않은 나의 미니 홈페이지를 어떻게 찾아서 봤나 보다. 뭔가 숨기고 싶은 걸 들킨 것 같아 당황스럽기도 하고, 혹은 한번쯤 들키고 싶었던 속내를 드디어 들킨 것 같은, 이상한 쾌감도 있다. '내가 사무실에서는 고분고분해도 사실은 하루에도 골백번씩 이렇게 반항하고 싶었다고요!' 라는 마음을 들키고 싶어했기 때문인지, 나는 내 미니 홈페이지를 절대로 비공개로 하지 않는다. 모든 글에는 목적과 대상이 있기 마련. 나는 정말로 나의 일기를 누군가에게 들키기 위해 쓴다. 정말로 한번쯤 읽어봐 줬으면 하는 나의 상사들은 미니 홈페이지라는 것의 존재 자체를 알지 못하고 친한 회사 사람들만 한번씩 들어왔다가 '혹시 나보고 하는 얘기일까' 싶어 상처받고 나가곤 하니 좀 당황스럽기는 하지만.

나는 아무렇지도 않은데, 뭔가 나의 비밀을 알아 버린 것 같아 미안하다는 듯이 K과장이 이러저러한 말들을 늘어놓는다.(소심하기로 말하자면, 그도 나도, 국가 대표 A형이다.) 그리고는 그런 마음을 K과장 본인에게 허심탄회하게 말해 주지 않아 조금 서운했다고도 한다. 회사 사람들에게 홈페이지를 한 번씩 들킬 때마다, 나는 회사에서 친구를 하나 더 얻는다.

경로 이탈

아침에 눈 떠서 밤에 침대 위에 쓰러질 때까지 내 발자국을 찍어보면 아마 거의 날마다 똑같을 것이다. 내가 아무리 변화를 좋아하지 않고 반복에 익숙하고 관성이 강한 인간이라 해도, 이건 좀 심하다 싶을 정도로 생활의 동선이 고정되어 있는 것이다.

그래서인지, 어쩌다 조금 일찍 퇴근하는 날에는 회사에서 집으로 가는 최단 경로를 무시하고 여기저기 빙빙 돌게 된다. 항상 가는 길로만 가기 때문에 어쩌다 퇴근길에 여기저기 배회하다보면 내 차의 네비게이션 안내 음성은 '경로를 이탈하셨습니다'를 외치기에 바쁘다. 뭔가 벗어나고 싶고, 어딘가로 튀어버리고 싶은 직장인의 욕망. 나는 고작 '경로를 이탈하셨습니다'를 외치며 당황하는 네비게이션에 대리 만족을 느끼곤 한다.

언젠가는 어릴 때 살던 동네를 지나가 보았다. 메뚜기가 뛰어다니고, 엄마 몰래 하던 구멍가게 앞 20원짜리 오락기도 있고, 빨래판으로 썰매를 타기도 했었고, 군데군데 불난 집도 있었고, 한옥집도 있었던 우리 동네. 지금은 빌라가 가득히 들어차 머릿속에 기억된 이미지로만 남아 있는 곳. 재개발이 쓸어가 버린 나의 메뚜기, 오락실, 빨래판 썰매 들과 가슴 저릿해지는 기억들. 문득, 그 어린 날의 순진하고 맑던 나는, 지금껏 경로를 이탈하며 살아온 게 아닐까 싶은 생각이 든다. 내가 언제부터 차와 아파트에 관심이 많았다고.

이제는 정말 내가 있어야 할 곳, 내가 원하던 곳에 있고 싶다는 생각을 하며 집으로 차를 돌릴 때 네비게이션이 말한다. '경로를 재탐색합니다.' 그래, 경로는 재탐색되어야 한다.

옛 친구와의 맹세

오래된 대학 친구 L에게서 전화가 왔다. 하고 싶은 일을 하기 위하여 여태 대학원에서 '돈 안되는' 공부를 하고 있는 친구다. 살아가는 얘기들을 이리저리 주고 받다가, 내 처세와 무용담을 신나게 설명하며 완벽히 세상에 동화된 나를 늘어놓았더니, 한참 듣고 있던 L이 말한다, '많이 변했네.'

사실 사회생활이라는 것은 일단 먹고살고자 마음먹고, 적당히 타협할 각오가 되어 있는 사람이라면 그리 어려운 일은 아니다. 남이 듣기 원하는 말을 해 주고, 상사에게 허언이나마 충성을 맹세하고 아래 직원에게 액션이나마 그럴듯한 처세를 해 주면서 살면 된다. 세상을 살아가면서 무서운 것은 직장 상사가 아니라, 한 때 삶의 궁극을 좇으며 살기로 맹세했던 예전의 친구들, 세계의 불합리한 회전 속에 몸을 맡기지 않고, 사람에 대한 원칙을 지키며, 부끄럽지 않게 살자고 도원결의했던 그 친구들이다. 세상을 살아나가는 데 나의 내적 기준이 되는 것은, 성공한 직장인의 모델이나, 서점에 깔려있는 석세스 스토리의 주인공들이 아니라, 예전의 맹세를 알고 있는 한 명의 친구다. 내가 어떤 악행을 저질렀을 때, 나는 같이 사회생활을 하는 그 누구에게도 부끄럽지 않지만 나를 알고 있는 오래 전 친구 한 명만 생각하면 부끄러움에 견딜 수가 없어진다. 옛 친구 L의 전화를 받으며 나는, 갑자기 부끄러움을 모르고 달려온 사회생활에 한없는 치욕을 느꼈다.

노총각

온 나라가 청춘 남녀들 짝지어 주느라 혈안이 되어 있는 것 같다. 공중파 TV에서는 연예인들 짝지어 주는 프로그램들로 넘쳐나고 케이블 TV에서는 '리얼'이라는 이름을 달고 대학생들 짝짓기에서부터 아예 거리에서 '헌팅'을 해서 짝을 지어 주는 프로그램도 있다. 미팅을 하든 헌팅을 하든 만남의 방법이야 뭐 그리 중요하겠느냐마는, 정말로 사랑을 구하는 사람들이 꼭 저렇게 TV에 대고 공개적으로 '꼬셔야' 할 필요가 있을까. 세상 사람들이 부끄러움을 모르는 건지, 내가 부끄러움이 많은 건지 모를 일이다.

서른 두 살 노총각인 내가 보기에는 한 공중파 TV에서 하는 결혼 적령기의 미혼 남녀 짝짓기 프로그램이 제일 흥미롭다. 내 또래의 남성들과 한 서너살 어린 여성들이 나와서 마치 당장 다음주에라도 결혼을 할 듯한 기세로 적극적인 자기 PR과 애정공세를 늘어놓고 다소 민망한 율동을 하며 개인기를 뽐낸다. 남자는 여자 출연자와 그 어머니에게 애교를 부리는데, 사람들 참 대단한 건지, 유치한 건지, 나로서는 잘 모르겠다.

역시나 중요한 것은 각 출연자들의 프로필이다. 출신 대학과 현재의 직업은 빠지지 않는다. 아예, 처음부터 결혼은 조건이 중요하다는 전제를 깔고 들어가는 방송이라 그런지 이상하게 '쿨'하게도 보이지만, 저 방송에 나갈만한 프로필을 가진 사람이 대한민국 노총각 가운데 몇 퍼센트나 될까, 생각하니 답답하기도 하다. 내가 아는 한, 진짜 사랑은 브라운관과 프로필의 저 너머에 있다. 전국의 프로필 안 되고 개인기도 없는 노총각 동지들, 힘냅시다.

내 몫의 행운

'살다보면 누구나 자기 몫의 행운은 꼭 있기 마련입니다.' 한 영화 감독이 인터뷰에서 한 말이다. 5년 전쯤에 한 영화 잡지에서 저 글을 읽고서는 뭔가 대단한 통찰을 얻은 듯 이마를 딱! 때리며 수첩에 메모를 해 뒀는데, 5년이 지난 지금도 저 말이 마음 한 켠을 떠나지 않고 있다. 혹은 사는 게 힘들거나 직장 생활이 비루해질 때마다 나는 저 말을 떠올리며 언젠가는 찾아올, 혹은 지금 내 옆에 있는 '내 몫의 행운'을 기다리며 스스로를 위로하곤 한다.

저 말을 가슴에 품고 살다보면 장점이 많다. 이를테면 온통 회사를 지배하는 경쟁 논리 앞에서, 다른 사람의 실적이나 성취를 부러워하거나 질투하지 않는다는 것이다. 어차피 내 몫의 행운이 아닌 것. 부단한 노력으로 괄목할 만한 실적과 성취를 이루어낸 동료 직원에게 정말 사심없이 박수를 보낸다. 그런 것보다 지금 내겐 회사 안에서 누리고 있는 내 몫의 행운들(이를테면 사람 좋은 팀원들, 권위적이지 않은 선배들, 사랑스런 후배들)이 더 중요하고 소중하다. 그런 것은 실적과 승진같은 행운과는 절대로 바꿀 수 없는 삶의 선물 같은 것들이다.

스스로 추구하는 행복의 종류가 뭐든, 중요한 것은 남의 행복과 남의 몫인 행운을 부러워하지 않고 사는 것이며, 지금 내 곁에 있는 내 몫의 행운들을 만끽하며 사는 것이다. 세상에 행복의 종류는 생각보다 훨씬 많다.

같이 일해 볼래?

대학 선배 S에게서 갑작스러운 전화가 왔다. 10년 이상 알고 지내면서 이십대 초반부터 함께 성장해 오며 서로의 꿈과 마음을 나누어 온 선배다. 오랫동안 준비해 온, 꿈같은 프로젝트를 실현하고 있는 S는 누구보다 일반 사기업에서 '뺑이치는' 내 모습을 안타까워하던 사람이기도 하다. 나는 늘 S선배에게 '그래도 사기업에서 생활하며 천둥벌거숭이 같던 이십대에 비해 나는 많이 사회화되었다. 나는 지금 생활에 만족한다' 라며 자기변명을 해댔지만 그게 거짓말이라는 것을 S는 잘 알고 있었다.

'같이 한번 일해 볼래? 완전히 새로운 세상을 보여 주마.' 알고 지낸지 10년이 넘었지만 S에게서 어떤 제안을 받기는 이번이 처음이었다. 평소 S가 하는 일에 관심이 많았고 이상한 질투심도 느끼고 있었던 지라, 또 누구보다도 나를 잘 알고 있는 S선배가 던지는 제안이라 마음이 흔들린다. '좀 생각해 볼게요' 라며 예의상 고민할 시간을 요청했지만 사실 S의 말을 듣는 순간부터 나는 완전히 설득당해 버린 상태였다.

그 후, 나는 갑자기 행복해졌다. 아무것도 결정되어 있지 않은 상황이지만, 지금의 회사에 발목 잡혀 버렸다고 스스로 낙담하고 있던 찰나에, 더 좋은 삶과 꿈을 좇는 일이 있다면 언제라도 지금의 모든 것을 포기할 수 있다고 스스로 자신하게 되었기 때문이다. 나는 내 생각보다 훨씬 더, 좋은 삶에 대한 욕망이 강한 인간이었구나. 그걸 알게 된 것만으로도 행복하다.

휴가지 고르기

올 여름 휴가지 선정의 핵심은 다음과 같았다. 첫째, 신문이 없는 곳. 둘째, TV가 없는 곳. 셋째, 인터넷이 되지 않는 곳. 넷째, 핸드폰 안테나가 뜨지 않는 곳. 그 중에서도 핵심은, 정말 이번 휴가만큼은 누구의 방해도 받지 않기 위해 이동 통신 회사의 기지국 전파가 감히 닿을 수 없는 곳을 찾는 것이었다. 동료에게 이 얘기를 했더니 '히말라야 최정상에 올라라'고 농담을 한다. 여러 장소를 물색하며 절친한 회사 후배와 얘기를 나누던 중, 후배는 할아버지가 살고 계시는 소백산 기슭의 집으로 가자고 한다. 선택의 여지가 없었고 나는 최소한의 옷과 최소한의 일용할 양식만을 가지고 소백산으로 떠났다.

히말라야 최정상이 아니더라도 후배의 할아버님 댁에는 신문이 없었고 TV도 없었으며 인터넷이 있을 이유도 없었다. 무엇보다 나를 가슴 벅차게 만든 것은 핸드폰의 수신 안테나가 단 하나도 뜨지 않는다는 것이었다. 나는 즉시 안테나가 전혀 뜨지 않는 핸드폰 바탕화면을 카메라로 찍었다(휴가를 마치고 복귀했을 때, '왜 급한 전화를 받지 않았느냐'라며 나를 타박한다면, 증거로 보여주기 위해서다).

그 곳의 사람들은 신문, TV, 인터넷, 핸드폰이 없어도 평화로웠고 행복해보였다. 소백산의 밤 공기는 차가웠으며, 시골의 매미들은 낭랑하게 울어댔다. 창틀 사이로 흘러들어 오는 달빛은 그대로 그림이었다. 마감과 실적과 경쟁이 없는 곳. 바람과 매미와 달빛 소리들이 마음을 만진다. 그래, 사람 사는데 이 정도면 풀 옵션 아닌가. 도시로 돌아가기가 두려웠다.

반가워라 쉼표!
갑자기 마침표를 만나게
되지 않기를.

쉼표

지금, 할 수 있는 일

소설가 김영하씨의 산문집을 읽던 중 흥미로운 구절을 발견했다. 에베레스트를 등반하다가 사망한 사람들은 유독 35세 남자가 많다고 한다. 그 이유가, 에베레스트에 가려면 우선 돈이 많이 들고, 늘어가는 경제력과 줄어드는 체력이 딱 만나는 지점이 35세쯤인데, 불행히도 몸이 안 따라줘서 사고가 나는 것이 아닐까, 라는 얘기다.

서른다섯 살이라. 경제적 능력의 상승곡선과 체력적 한계의 하강곡선이 딱 접하게 되는 그 나이. 아마 내가 그때까지 결혼을 하지 않았다면 나는, 축적한 경제력을 바탕으로 완전히 새로운 삶을 시작할지도 모를 일이다. 그래서 일단 벌어놔야겠다, 싶은 생각이 퍼뜩 든다. 급전직하 중인 체력도 열심히 붙들어놔야겠다는 의지도 생겨 책을 읽자마자 헬스클럽에 가서 마치 에베레스트를 오르는 듯한 가쁜 숨을 몰아쉬며 러닝머쉰을 달렸다.

35세. 인생의 많은 것들이 결정되어 있을 나이. 그때쯤이면 굳이 에베레스트가 아니더라도, 그간 축적해 온 경제력으로 35년간의 간절함을 담은 그 무엇인가를 해 봐야 하지 않겠는가. 돈은 자신의 꿈을 실현할 만큼만 있으면 된다. 〈찰리와 초콜렛 공장〉이라는 영화에서 한 노인이 충고한다. '세상에 널린 게 돈이다. 오늘도 세상은 돈을 찍어내고 있다. 돈 말고, 지금이 아니면 안 되는 일, 그걸 해라' 기다리는 일은 없어도 기다리는 나이가 생겼다. 그것만으로도 고무적이다.

일요일 밤

'선배, 저는 개그콘서트가 일요일 밤에 한다는 게 너무 싫어요. 방송국에 전화해서 토요일 밤으로 시간 바꿔달라고 부탁할까 봐요.' TV프로 〈개그콘서트〉의 열렬한 팬이자 심각한 월요병에 시달리고 있는 후배의 말이다. 그의 말인즉슨, 주말 내내 잠만 자다가 사우나 한 번 갔다와서 TV 몇 프로그램 보고 나면 주말이 다 가버리는데 마지막으로 일요일 밤에 개그콘서트까지 끝나고 나면 갑자기 가슴이 답답해진다는 것이다. 주말 내내 애써 잊고 있었던 일에 대한 고민들이 불과 5초 사이에 다 떠오르고, 마음은 이미 사무실에 가 있다고 한다. 그 좋아하는 개그콘서트가 토요일에 한다면, 한참을 웃고 나도 다음날이 일요일이라 마음껏 잠을 잘 수 있으니, 얼마나 좋겠느냐는 얘기다. 그에게 개그콘서트의 엔딩 박수소리는 말 그대로 일요일이 다 가는 소리, 무언가 무너지는 소리인 것이다. 아직은 스트레스와 적당히 타협하는 방법을 터득하지 못한 후배의 하소연을 듣고 있자니 마음이 아프다. 옆에서 말을 듣고 있던 사람들이 거들기 시작한다. P과장은 〈시사매거진 2580〉의 엔딩 음악이 일요일이 다 가는 소리이며, J대리는 프리미어리그 축구경기의 심판 종료 휘슬 소리에 그의 일요일이 끝난다고 고백한다. 그리고 누군가는 월요일을 앞두고 마음을 바로 잡고, 누군가는 출근 걱정에 불면의 밤을 시작한다. 휴식과 노동의 이 격렬한 충돌. 내 마음 안타까운 소리.

주례 없는 결혼식

C대리의 결혼식은 두고두고 직원들에게 이야기거리가 되었다. '주례가 없는 결혼식' 이라는 소문은 미리 들어 알고 있었지만 막상 결혼식장에 도착했을 때의 그 낯설고 애틋한 풍경은 모두에게 깊은 인상을 남겼던 것이다. C대리가 주례 없는 결혼식을 치른다는 말을 했을 때 직원들의 반응은 한결같이 '그럼 부장님은?' 이었다. 특별한 삶의 은사를 가지지 않은 대다수 직원들의 결혼식은 담당 부서의 부장급에게 주례를 부탁하는 경우가 많았으며 결혼식장은 그대로 회사의 행사장이 되었다. 부장은 다른 직원에게 했던 주례사를 그대로 반복하고, 각 잡고 주례사를 경청하는 사람은 회사 직원들 외에는 아무도 없었다. 직원들 모두 그런 결혼식 풍경에 익숙해져 있다. 모르긴 해도 직원의 결혼식 때 자신에게 주례 의뢰가 들어오지 않으면 부장은 꽤 머쓱해 할 것이다.

C대리의 결혼식은 완전히 새로운 결혼식의 모델을 보여주었다. 양가 부모님들이 한 분씩 단상에 올라오며 신랑신부에게 덕담을 해 주시다가는, 뜬금없는 자식 자랑으로 청중들을 웃음짓게 만들었다. 신부의 피아노 반주와 신랑의 사랑 노래로 마무리된 결혼식. 그들은 정말 '결혼식' 이 아니라 '결혼' 을 하는 것 같았다. '일반 하객' 으로 참석한 부장님도 결혼식에 푹 빠져들어 저 멀리서 싱긋 웃고 있었다.

담당 직원의 주말

워낙 많은 사람을 대하는 일을 하다 보니 사생활을 위한 시간과 정신적 여유의 확보가 쉽지 않다. 정규 업무 시간 외에 주말이나 공휴일에도 걸려 오는 낯선 전화번호를 보고 있으면 휴일이 마냥 편치만은 않다. 휴일에 고객의 전화를 받아봐야 당장 대처해 줄 수도 없을 뿐더러 친구를 만나거나 가족들과 외식을 하는 자리에서 고객의 전화에 일일이 상담을 해주다 보면 주말을 망쳐버리는 경우가 많다.

주말이나 공휴일에 전화를 받지 않는 것에 대해서 대부분의 고객들은 사정을 이해해 주지만 간혹 그걸 담당자의 불성실이라고 쉽게 몰아세우는 고객들도 있다. '주말에 전화 못 받아서 죄송합니다. 주말에도 전화를 받으면 저희가 도저히 사생활을 할 수가 없어서요'라고 양해를 구하자 '그건 당신의 프로정신이 부족해서 그런 거다'라며 담당자의 직업 정신을 나무라는 고객들도 있다. 고객이고 뭐고 간에 이럴 때는 정말 욕이 목구멍까지 차오르지만 참아야 하는 것이 월급쟁이의 숙명이거늘. 사정을 들어보니 그리 급한 일도 아니고 업무 시간에 안내를 해줘도 충분한 일인데도, 어쨌든 '손님은 왕이다'라고 손님 자신이 얘기하니 머슴인 월급쟁이가 더 무슨 말을 하랴.

함께 살아가는 세상이다. 거대한 시스템 안에서 우리 모두는 누군가의 담당자인 동시에 누군가의 고객이다. 서로가, 세상을 함께 살아나가는 사람들에 대한 최소한의 예의는 지키면서 살았으면 좋겠다. 고객은 왕이지만, 담당자도 사람이다.

화분

　주말이라 대낮까지 시체처럼 잠을 자고 일어나, 어머니께서 차려주신 밥을 먹는다. 눈을 반쯤 뜨고 꾸벅꾸벅 졸면서 밥상 앞에 앉아 있는데 어머니께서 갑자기 집 마루에 있던 화분을 보며 말씀하신다. "야, 여기 화분에 꽃 핀 것 좀 봐라. 이 추운 집에서 지 혼자 폈네. 신기해라."

　매일 새벽같이 출근해 한밤중에야 들어오고 주말에도 잠만 자는 인생을 계속하다보니 우리집 마루에 화분이 있었는지도 모르고 살았다. 어머니 말씀을 듣고 보니 과연 우리집 마루에 덩그러니 놓여진 화분에 예쁜 분홍색 꽃이 피어 있어 나 또한 신기해 하며 꽃을 계속 바라본다. 그다지 자연 친화적인 인간이 되지 못하여 꽃 같은 걸 보기 좋아하는 체질은 아닌데, 우리집 마루에 피어있는 꽃을 보니 꽃 이름은 잘 모르겠지만 이상하게 감동적이다. 내가 없으면 보일러도 켜지 않는 이 추운 집에서 아무도 돌보지 않는데 그 추운 겨울을 혼자 이겨오다니. 오랜 세월 동안 온 집안 식구가 아둥바둥 살아온 집에서는 꽃마저도 아둥바둥 혼자 피는구나. '꽃, 지난 겨울 잘 이겨냈다' 라고 혼자 중얼거리며 격려 차원에서 분무기로 물을 준다. 요즘은 이렇게, 어떻게든 살아남는 것들에 자주 감동받는다. 사무실 내 책상 위에도 조그만 화분 하나 가져다 놔야겠다. 마음의 위로가 될 것이다.

말단 공무원

인터넷을 보는데 우울한 기사가 보인다. 과중한 업무와 스트레스로 우울증을 앓던 중 시청 옥상으로 올라가 투신 자살한 말단 공무원의 죽음을 법원이 '업무상 재해'로 판결했다는 내용이다. 이런 너무나 당연한 사안이 도대체 왜 법원까지 가서 심판받아야 하는 일인지 도무지 이해할 수가 없지만 어쨌거나 위와 같은 판결 자체는 당연한 일이다.

하지만 기사문 밑에 달린 네티즌들의 댓글을 보고 있으니 혈압이 오른다. '철밥통 공무원이 뭐 힘들다고 그러나', '나는 대기업 다니지만 공무원 되는 게 소원이다', '얼마나 약해빠졌으면 일이 힘들다고 자살을 하나' 등등, 도대체 한 사람의 죽음 앞에서 왜 이렇게 개념 없는 푸념들만 늘어놓는 것일까. 나도 나름대로 하루하루 격무 속에서 살아가는 월급쟁이지만, 얼마나 힘들었으면 옥상에 올라가 뛰어내렸을까를 생각하니 그의 고통을 가늠할 수조차 없어진다. 어쩌면 그와 같은 댓글을 다는 당신들이, 시청 옥상으로 올라가는 그의 발걸음을 재촉했을지도 모른다.

'급증하는 민원의 해결을 위해 매일 밤 자정까지 초과근무를 하고…' 등의 구절을 읽고 있으니 마음이 더욱 갑갑해진다. 많은 사람들이 시스템에 털어놓는 불만을 하나하나 해결하려다 스트레스를 이기지 못하고 옥상으로 올라간 그. 사람이 일을 만들고, 일이 사람을 잡아 먹는 세상. 우리의 통장에 돈이 쌓일수록 우리의 머리는 자꾸 가난해진다.

시청 옥상에서 뛰어내리던 그 공무원 생애의 마지막 1초. 그 순간만큼은 모든 민원과 업무 스트레스들이 다 날아가 버렸길 빈다.

실연

뭐. 이상한 말이지만, 요즘 나는 실연을 당해 보고 싶어한다. 지금에 와서 돌이켜보니 어떤 연애를 떠올릴 때 가장 기억에 남는 것은 꼬질꼬질한 연애담이 아니라 그 연애의 끝이 가져다주던 비릿한 절망과 인간 정서의 바닥, 끝없는 상실감과 그래도 모든 것을 해결해 주던 시간 같은 것들이었다. 실연(당)하고 아무것도 할 수 없던 상태, 그 아찔한 삶의 멀미를 다시 한번 느껴보고 싶은 것이다. 연애를 할 때 나는 마치 미취학 아동처럼 유치한 짓만 골라 하지만, 연애가 끝난 후의 나는 끝없이 스스로를 되돌아보고 반성하며 모두를 이해하고 온 세계와 화해하며 사는 성숙한 인간이었다.

말하자면 이런 것이다. 요즘은 정말로 습관적인 출퇴근의 반복이다. 배고프면 먹고 잠이 오면 자며, 시키는 것만 한다. 이미 인생의 자유의지가 고갈되어 버린 상태. 다시 한번 인생을 돌아보고 스스로를 자극하기 위해서 내겐 실연이 필요하다. 마음이 아파서 아무것도 할 수 없는 상태. 일이고 뭐고 아무것도 손에 잡히지 않는 상태. 회사에서 받는 스트레스를 잊기 위해 내겐 더 큰 스트레스가 필요한데 그것은 오직 실연만이 할 수 있는 일이다.

생활이 규칙적이고 반복적일 때, 나는 아무런 감정이 없는, 먹고 자고 숨쉬는 동물이 되어 버린다. 뭔가 코끝이 비릿하고, 심장 한 구석이 콕콕 찔려오는 인간적인 번뇌에 휩쌓여 보고 싶다. 아, 실연당하고 싶다!

내 몸

급하게 고객과 만나기로 한 약속 장소로 가고 있는데 길거리에 사람들이 많이 모여 있고 박수와 환호성이 터져 나온다. 뒤에서 기웃거려 봤더니, 길거리에 조그만 원을 만들고 음악을 틀어 놓은 채 소위 B-boy라 불리는 아이들이 격렬하게 춤을 추며 즉석 공연을 벌이고 있었다. 약속 시간에 늦을 것 같아 마음이 급했지만, 이 아이들의 춤을 보고 있으니 그저 입이 딱 벌어진 채 도저히 발걸음을 뗄 수가 없다. 땅바닥에 머리를 박고 수십 차례 회전을 하는가 하면 내 눈의 속도가 따라갈 수 없을 정도로 손과 발이 교차하며 허공을 가른다. B-boy들의 공연을 TV에서 몇 번 보기는 했지만 막상 눈앞에서 실제로 보니 저건 춤이 아니라 거의 마술 같다. 급기야 이십대 초반쯤으로 보이는 청년이 두 손을 땅에 짚고 역방향 135도로 물구나무서기를 하며 다리를 하늘로 차올리는 것을 보면서 나는 거의 넋이 나가버렸다. 과연 저 아이들은 지구인인가. 저게 사람 몸인가. 사람의 몸이 저토록 위대했던가. 약속도 잊고 땅에 발이 딱 붙어 버린 채 내가 할 수 있는 최고의 감탄사를 연발하며 서 있었다.

매일같이 해야 할 일이 있고, 매일같이 고객과 약속이 있으며, 회사가 요구하는 대로 몸을 움직이면서, 어느 순간 내 의지와 상관없는 것이 되어버린 나의 육체는, 사람의 몸이 단 한번도 상상해보지 못했던 '각'을 창조해내는 저들의 자유로운 육체에 대해 끝없는 질투를 보내고 있었다. 집에 와서 이불을 깔아두고 살짝 흉내를 내 보는데 허리에서 우두둑 소리가 난다. 아파서가 아니라, 더 이상 내 것이 아닌 몸이라서 왠지 서글프다.

100골 채우기

　사내 축구 대회가 있었다. 말이 좋아 축구 대회지, 사실은 축구 좋아하시는 부장님께서 '몸이 근질근질하다' 라는 이유로 토요일에 남자 직원들을 '헤쳐 모여' 시킨 것이다. 신입 사원 시절에는 회사 축구 대회가 있으면 정말 죽을 각오로 뛰어 다녔지만, 나도 이제는 휴일에 하는 회사 체육 행사가 슬슬 귀찮아지기 시작한다.

　예정 시간보다 조금 늦게 운동장에 도착했더니 체력 좋으신 부장님께서 벌써 축구복을 입고 운동장을 뛰어다니며 몸을 풀고 계신다. 여느 회사 축구가 다들 비슷비슷하겠지만 우리의 부장님 또한 (당연히) 포지션은 부동의 '원톱 스트라이커' 이다. 직원들은 일단 공을 잡으면 부장님부터 찾기 마련이고 우리의 목표는 상대 골문이 아니라 오직, 공격진에 혼자 우두커니 서 있는 부장님에게 정확히 패스를 연결하는 것이다. 여느 회사의 축구 좋아하시는 부장님들처럼 우리의 부장님 또한 회사 축구 대회에서 통산 100골을 달성한 초특급 스트라이커이다. (물론 그 중에 95골쯤은 부장으로 승진한 이후에 기록한 골들이다) 오프사이드에 대한 면책특권이 있고 수비수의 몸싸움이 (암묵적으로) 허용되지 않으며 모든 직원들의 패스가 집중되니 사실 100골을 채우지 못하는 게 이상한 노릇이긴 하다. '김대리, 우리도 꼭 부장까지 승진해서 100골 채우고 퇴직하자구!' 현재 부장님께 통산 어시스트 60개 이상을 기록하고 있는 L대리가 씩 웃는다.

추억의 열차

휴가 기간 짧은 여행을 마치고 돌아오던 날, 고속열차 표가 매진되는 바람에 복귀시간에 쫓기며 할 수 없이 무궁화호 표를 끊었다. 전국을 돌아다니던 대학 시절, 돈이 없어 무궁화호 입석이라도 타서 어디라도 떠나면 그만이었던 그 날들에, 나는 무궁화호에서 창밖으로 스쳐 지나가는 삼천리 화려강산을 보며 수십 권의 책을 읽었고, 경부선의 풍경들을 사랑했으며, 나이를 먹었고, 회사에 들어갔고, 어른이 되었으며, 서른 살을 맞았다.

회사에 들어오고 사회생활을 시작하면서부터는 무궁화호를 탈 일이 없었다. 회사에서 고속열차 표를 예매해 주었고 분초를 다투는 시절이니 한시라도 빨리 출장지에 도착하기 위해 내 몸과 마음 또한 고속열차 속도에 익숙해져 버렸다. KTX의 '꿈의 속도'로 인해 창밖의 '꿈같은 풍경'들은 휙휙 지나가 버리니 KTX 안에서 내가 한 일은 잠자는 일뿐이었다.

오랜만에 무궁화호를 타며, 예전의 대학 시절이 떠오르리라는 나의 기대와는 달리, 좁은 기차 안에서 내 팔에 닿는 옆 사람의 맨살이 거북하게만 느껴지고, 철도를 꾹꾹 밟고 지나가는 느린 속도에 슬슬 짜증이 난다. 상승 욕구와 엄청난 속도감이 지배하는 세상에서 밥벌이를 하는 동안 내게도 유전자 변이가 일어났다는 생각에 낙담만 한다. 내 심장에 묻은 때를 빡빡 밀어내고 싶은 심정이다.

워크샵

　최근 팀원들 사이에 인간적인 갈등이 증폭되고, 급속히 냉랭해진 팀내 분위기를 타파하고자 주말에 팀 워크샵을 갔다. 여러 현안 과제에 대한 발표와 토론이 이어지고, 마지막으로 팀원들이 한 명씩 돌아가며 서로에게 하고 싶었던 말을 하는 시간이 이어졌다. '자유발언' 시간이긴 하지만 아래 직원들은 착하고 모범적인 발언들로 대충 시간을 떼우고 있었다.

　팀내 최고참, K과장이 말한다. '직장 생활하면서 몸은 다칠 수 있다고 생각합니다. 불규칙한 생활, 불가피한 야근, 운명같은 스트레스들에 시달리다 보면, 경쟁 사회에서 밥먹고 살기로 작정한 사람이라면 감수해야 할 부분이겠죠. 하지만 직장 생활하며 마음 다치는 건 나쁜 일입니다. 물론 개인적으로 업무에 대한 열정도 있겠고, 매사에 최선을 다해야 하겠죠. 하지만 어차피 월급 받으러 다니는 것 아닙니까? 태어날 때부터 이 회사의 이윤 창출이 목표였던 사람이 있습니까? 일은 하다보면 잘 될 수도 있는 거고 사람이니까 게을러질 수도 있습니다. 다들 집에 가면 귀한 아들, 딸, 아버지 아닙니까. 서로 조금만 참고 이해하면 서로가 마음 다치게 하는 일은 막을 수 있다고 생각합니다. 우리는 형제 아닙니까?

　그래, 어차피 월급 받으러 다니는 건데, 서로 마음 다치며 살 필요는 없지 않은가? 과부하된 열정, 필요 이상의 긴장감 때문에 서로 마음을 다치게 한 적은 없는지, K과장의 진심어린 발언에 모두가 반성하게 된다.

생활에 밑줄을

　대학 시절, 같은 책을 읽고, 세미나를 하고 선술집에서 밤새 도록 소주를 마시며 논쟁을 펼치고, 문득 어딘가로 같이 여행을 휙 떠나버릴 정도로 절친했던 H. 졸업 후 나는 대학 시절의 모 든 꿈과 생각을 접어둔 채 일반 사기업으로 취직을 했고, H는 우리가 같이 꿈꾸던 것을 여전히 좇으며 대학원에 진학하여 박 사 과정을 밟고 있다. H와 나는 신기할 정도로 정서와 세계관, 좋아하는 것과 싫어하는 것이 일치했으나, 둘 사이의 결정적인 차이는 우리 집은 내가 돈을 벌어야 한다는 것이었다. 많은 것 을 접어두고 취직을 한 후, 나는 H에 대한 이상한 질투와 거리 감으로 예전처럼 그에게 연락을 하는 것이 쉽지 않았다.

　난데없이 H의 전화가 걸려왔다. 오랜만의 연락에 나도 반가 워서 같이 수다를 떤다. 박사 과정을 밟고 있는 H답게, 그는 우 리가 함께 꾸던 꿈들에 대해 이미 '박사'가 되어 있었으며 공부 하기의 어려움에 대해 내게 하소연을 늘어놓았다. 그래, 그래도 내 몫까지 열심히 해라. H의 하소연을 들어주며 의례적인 위로 를 건네지만, 줄곧 자신의 투정만 늘어놓을 뿐, 나의 안부에 대 해서는 한마디도 묻지 않는 그에게 괜히 심술이 나기도 한다. 결국 H는 나의 현재에 대해 단 한마디도 질문하지 않은 채 약 20분간의 하소연을 끝내고 전화를 끊었다.

　'박사님. 아직 철이 덜 드셨네요.' 속으로 생각하며, 어쩌면 세상 한 가운데 박혀서 땅에 딱 달라붙어 살아가는 것은 박사 과정이 주지 못 하는 인간적인 성숙을 줄 수도 있다는 생각이 들었다. '성경이 아니라 생활에 밑줄을 그어야 한다'던 한 시인 의 말이 떠오르던 날.

메일로 얘기하기

원래 낯을 많이 가리는 성격이라 그런지, 나는 사람과의 대화에 약하다. 무슨 큰 죄를 짓고 사는 것도 아닌데 다른 사람의 눈을 잘 쳐다보지 못할 뿐더러(그래서 대화에 성의가 없다는 오해를 많이 받는다.) 말실수를 할까 봐 가장 정확한 단어를 생각해 내느라 자주 '음… 음…' 거리며 말을 질질 끈다. (그래서 '콧구멍만 벌렁거리지 말고 말을 해라. 말을' 이라는 비난도 자주 듣는다.)

스스로도 이런 상황이 좀 답답했는지 언젠가부터 생각해 낸 방법이 개인 메일을 이용하는 것이다. 같이 일하는 직원들끼리 사소한 오해가 있었다거나, 동료 직원을 위로해 주고 싶다거나, 업무 협조를 구해야 할 때 나는 퇴근 시간을 늦춰서라도 진심어린 메일을 보내 오해를 풀고 위로해 주고 협조를 구한다. 직장생활 년 차가 늘어나면서 이런 소통 방법에 동료 직원들도 적응을 했는지 내게 해주고 싶은 말이 있다거나 필요한 일이 있으면 개인 메일을 이용하는 경우가 많아지고, 이야기를 나눌 때에 내가 말을 좀 더듬거나 쭈뼛거려도 너그러이 이해해 주기도 한다. 평소 낮은 중저음의 목소리로 피 한 방울 날 것 같지 않은 냉철함이 느껴지는 Y과장이 메일에서 유독 말줄임표를 많이 쓰고, '-_-;' 같은 귀여운 표정을 써보내는 걸 보면 마주 보고 이야기할 때 알지 못했던 따뜻한 마음을 느끼고, 동료 직원을 다시 보기도 한다. 글은 때론 가식이겠지만 진심을 담아 보낸다면 내겐 최고의 소통 도구다. 나는 '말로 하자, 말로' 라는 말이 싫다.

K과장

K과장. 올해 드디어 40세가 된 그는 아직 결혼을 하지 않았다. 회사에서 소문난 워커홀릭인 그는 '30대를 전후해 너무 일만 생각하다보니 결혼할 시기를 놓쳤다. 문득 정신차려보니 서른 여덟이더라' 며 정황을 설명한다. 몇 차례 연애를 하고 선을 보기도 했지만, 여인들은 일에 파묻혀 하루에 전화 한 통 하기 버거운 이 남자를 떠나가 버렸다. 그러나, 그는 오히려 담담하다. 40세를 전후한 동료들을 바라보며 책임질 가족도 없고 해고의 공포도 없으며 모든 삶을 자신의 시간으로 짜맞출 수 있어 오히려 홀가분하다고 한다. 외로움에 익숙해지는 법도 배웠으며 삶을 자족하는 방법도 터득했다고 한다. 그래서일까, 결혼을 하지 않은 마흔 살의 그는 결혼을 고민하는 서른 살의 우리보다 훨씬 젊고 건강하고 씩씩하다. 그는 이번 추석 연휴에도 짧은 일본 여행을 계획해 놓았다. 회사를 그만둔 후에는 인생의 마지막 도전으로 사막을 횡단할 꿈을 꾸고 있단다.

'할머니. 왜 사람들은 저렇게 외로움 속에서도 살려고 하죠?' 라고 묻는 손자에게 '삶은 이유 없는 시작이란다' 라며, 영화 속의 할머니가 답한다. 이유 없이 시작한 삶을 점점 이유 있는 것으로 바꿔가는 K과장. 결혼, 육아 등 너무 쉽게 결정내리는 인생의 선택에서 벗어나, 그는 '삶에 굳이 필요하지 않은 것들' 을 걸러내며, 젊은 우리에게 새로운 삶의 모델을 제시해 주고 있다.

회사의 위기

최근 실적이 부진한 것에 대해 팀장이 모두를 모아놓고 회의를 한다. 하긴 이 놈의 회사는 매년 '위기'라고 하니, 이젠 이런 회의도 시큰둥하다. 매년 위기라고 하면서도 어떻게 지금까지 버티고 있는지 경제학적으로는 이해하기 힘든 일이다. 역설적으로 이 회사의 위기는 이 회사가 없어져야 비로소 해결되는 것일지도 모른다. 어떻게 보면 '위기'라는 캐치프레이즈야말로 대한민국 대부분의 회사들이 지금껏 성장해 온 동력인지도 모른다. 하긴 우리 나라에 지금 위기가 아닌 회사가 있나. 매년 연말이면 보너스 잔치를 벌이는 어떤 회사도 1년 내내 '창사 이래 최악의 위기'라는 말을 매년 반복하고 있으니.

최근의 위기와 대책, 본사에서 하달된 지침들에 대한 팀장의 일장 연설이 이어지고 있을 때, L대리는 눈이 반쯤 감긴 채로 졸고 있고, K과장은 사무실 창문 너머 막히는 도로를 멍하게 바라보고 있다. 신입 사원 K는 이 작위적인 엄숙함에 대한 불만으로 입이 비쭉 나와 있고, 여자 후배 S는 수첩에 꽃 그림을 그리고 있다. 구석에 앉아 있는 Y는 티나지 않게 최소한의 손가락 놀림으로 핸드폰 문자를 보내고 있고, 나는 내 옆에 앉은 동기와 빈 종이 위에 낙서를 하며 대화를 주고 받고 있다. 회사가 '위기'라고 말하는 이유가 많아질수록, 그 위기에 대처하는 우리의 방법도 나날이 진화하고 있다. 회사는 연일 '위기'를 외치지만 추상적이고 습관적인 선언들은, 구체적인 삶의 동의를 얻어내진 못한다. 회사와 직원 중에, 누가 양치기 소년일까.

무한 경쟁 사회

S대리와 P대리는 입사 동기이며 인간적으로도 절친한 사이였다. 둘 다 남다른 업무 능력과 창조적인 마인드로 회사에서 인정받는 직원들이다. 입사 초기에 겪어야 했던 업무적인 실수와 사회생활 초년병들이 겪는 스트레스를 S와 P는 서로에게 의지하며 잘 넘겨왔다.

하지만 언젠가부터 S대리와 P대리 사이에는 미묘한 긴장 관계가 형성되었다. 둘 다 워낙 업무적으로 출중한 인재들이지만, 오히려 그렇기에, 공히 강한 승부 근성을 가진 둘은 서로에 대해서도 경쟁 심리를 가지게 된 것이다. 둘 사이에 대화가 줄어들기 시작했고, 서로 업무적인 협조도 잘 하지 않는다. 마치 학창 시절 시험 성적이 발표되면 라이벌로 생각하는 친구의 성적을 먼저 확인해보며 조용한 환호와 속쓰린 좌절을 느낄 때처럼, 둘은 서로의 실적에 신경을 곤두세우기 시작했다. 회사내에서 항상 1, 2등을 다투는 두 사람이지만 누구보다 힘든 회사 생활을 하는 것도 두 사람이다. 두 사람을 모두 잘 알고 있는 나로서는 지켜보기가 안쓰러울 정도다.

무엇이 그들을 이런 관계로 만들었을까. 힘든 시절을 서로 의지하며 넘어온 두 사람이 왜 이렇게까지 변해버렸을까. 무한 경쟁 사회라고 했던가. 도대체 그 사회는 누구 좋으라고 있는 사회일까. 어서 두 사람이 세상의 속도 경쟁에서 내려와 예전처럼 어깨동무하며 살아갔으면 좋겠다.

연말

연말 마감을 앞둔 아침 팀 회의 시간. 직원들이 돌아가며 서로에게 덕담을 주고 받고 있다. 실적을 올려야 한다는 부담과 이런저런 회사의 지침을 들으며 잔뜩 마음 무거워지는 평소 회의와 달리, 이날만큼은 1년에 단 한 번 얼굴에 미소가 그려지는 정담이 오고 간다.

"그동안 내게 섭섭한 것들이 있었다 하더라도 이해해 주길 바랍니다. 업무를 추진하려면 어쩔 수 없이 기계적으로 밀어붙여야 하는 순간들이 있었습니다." 팀장의 말씀이다. 그의 고해성사에 관리자에 대한 연민의 정이 느껴진다. "두말 않겠습니다. 고맙습니다." 과장의 말씀이다. 불도저같은 추진력으로 부하 직원들을 버겁게 했던 그의 감사 인사를, 우리는 진심으로 받아들였다. "팀의 중간 위치에서 다리 역할을 잘 했어야 하는데 후회가 남습니다." 고참 대리의 말씀이다. 위에서 내려오는 압박을 온 몸으로 감당해내며 후배 직원들의 짐을 덜어 주던 그의 살신성인에 감사한다. "아직 아무것도 몰라 팀에 보탬이 못된 것 같아 반성합니다." 신입 사원 막내의 말이다. 올 한 해 노래방에서 손이 안 보이도록 탬버린 치느라 고생했다.

연말, 후회와 감사와 반성의 시간이 지나고 있다. 한해 내내 무표정한 기계처럼 돌아가던 동료 직원들, 연말엔 통장에 찍히는 보너스보다 내 마음에 찍히는 동료들의 심장을 느낄 수 있어 좋다.

소명

K가 처리한 업무가 고객의 마음에 들지 않았던지 상부 기관에 민원이 접수되었다. 금융 서비스업이라 워낙에 고객의 불만과 민원에 민감해서, 본사로부터 민원 접수 사실이 통보되자마자 사무실이 발칵 뒤집혔다. K는 즉시 팀장과 기타 등등의 상사에게 불려 가서 민원이 접수된 경위에 대해 해명을 해야 했다. 상사를 한 명씩 거칠 때마다 K의 안색은 자꾸 나빠진다.

내용을 들으니 K가 잘못한 일은 별로 없어 보인다. 고객에게 인간적인 예의는 최대한 갖추었으며 (K의 성격상 그가 고객을 무례하게 응대하는 모습은 상상하기 힘들다.) 업무 관련 당사자들을 모조리 면담해서 일일이 사실관계를 확인했다. 결국 보험처리가 되지 않는다는 것을 땀흘려 모은 자료와 여러 판례와 조항을 들어 고객에게 설명까지 다 했으나 '어쨌든 돈을 주지 않는다니' 고객은 상부기관에 K를 고발해버렸다.

K는 최선을 다해 자신의 업무에 문제가 없었음을 설명했지만 상사는 K에게 '변명하지 마라' 며 고함을 지른다. 열 받은 K는 화장실로 달려가 변기통을 발로 차 버렸다. '변명이 아니라 소명이다' 라며 K는 억울함을 호소한다. 모든 설명을 들었으면서도 결국 상부 기관에 엄살을 떨며 K를 고발한 고객과, K가 했던 노력엔 관심도 없이 민원이 접수되었다는 사실만으로 K를 '비겁한 변명이나 하는 직원' 으로 몰아붙이는 야만적인 상사들 때문에, K가 흘린 땀과 진심은 묻혀버렸다. 이건 정말 야만이다.

대기업 직원

회사원이 주인공이 된 '엽기적인' 사건 사고가 자주 보인다. 신문에서는 변심한 여자 친구를 무참하게 살해한 '대기업' 직원의 뉴스를 대서특필했다. 신문은 '너무도 평범하고 안정된 삶을 살던' 대기업 직원의 살인 소식을 전하며, 마치 중요한 것은 살인보다도 '대기업 직원'이라는 듯, 한 기사 안에서만 '대기업 직원'이라는 말이 다섯 번도 넘게 나왔다. (아니 그럼, 중소기업 직원이 그러는 것은 별로 놀랄 일이 아니라는 말인가.)

한 성인 사이트에 의사, 교수, '또' 대기업 직원 등이 애인이나 부인, 심지어 딸의 나체 사진을 올리다가 형사처벌이 되었다는 소식이 들린다. 그리고는 사회 중상류 계층의 도덕적 타락을 지적하며 늙은 논설 위원은 쓸데없는 나라 걱정에 잠 못 이루는 논설을 쓰고 앉아 계신다. 성인 오락실에서 몇 달새 수천만 원을 날린 것도 또 '대기업 직원'이다. 온 나라가 언제부터 이렇게 대기업 직원들을 걱정해 줬는지 모를 일이다.

나는 결코 그 범죄를 옹호하려는 게 아니다. 싫은 것은 신문 기사 안에서도 계층적인 편견이 판을 치고 있다는 것이며 회사원들의 정신 세계에 대한 구체적인 이해가 떨어진다는 것이다. 나는 오히려, 저들이 '대기업 직원'이기 때문에 저렇게 막 나갔다는 생각이 든다. 직딩들 표현으로 하자면, 정말 '돌아버릴 것 같은' 하루하루에, 정말 '돌아버렸을 뿐'인 사람들인 것이다. 나는 살인자보다, 살인적인 한국형 사무 노동이 더 끔찍하다.

사표 이후

올 초 회사를 그만두고 홀연히 잠적해 버린 K의 소식이 화제가 되고 있다. 회사 내에서도 인정받는 직원이었고 사표를 제출하는 과정도 전혀 움츠러들지 않고 당당한 모습이었으며 아는 대학 선배를 통해 연봉과 근무조건이 훨씬 좋은, 완전히 새로운 일을 하러 간다는 소문까지 있었던지라 남아 있는 직원들의 부러움을 샀던 인물이었다.

하지만 최근에 들려오는 K의 소식은 여러모로 많은 사람들을 당황스럽게 만들어 버렸다. 새로 시작했던 일이 잘 되지 않았던 모양인지 그 일을 또 그만 두고 동종업계의 다른 회사에 경력 사원으로 지원을 했다는 말이 들리는 것이다. K를 잘 아는 나로서는 그동안의 자초지종을 알아보고 싶지만 바뀐 핸드폰의 번호를 알지 못하니 답답한 노릇이고, K가 사표를 낼 당시 계속해서 그를 설득했던 L차장은 '내 그럴 줄 알았다. 지가 가 봐야 어딜 간다고' 라며 득의양양한 표정이다. K의 당당한 사표를 기억하는 다른 동료 직원들은 '역시, 어떻게 해도 이 바닥을 벗어날 수 없는가 보군' 이라며 다들 씁쓸한 표정이다.

동료들은 항상, 같은 회사에 다니는 동료의 소식보다는 회사를 박차고 나간 사람들의 소식에 더 귀를 기울인다. 스스로 던지지 못한 사표를 정말 실천에 옮겨 버린 그들이 회사 밖에서 펼치는 다른 삶의 가능성을 타진해 보며 대리 만족을 느끼거나, 회사를 나간 사람들이 보여주는 전혀 새로운 인생의 모델을 보고 사표를 고민하는 우리들에게 어떤 용기를 주길 바라고 있는 건지도 모른다. 가끔 들려오는 그들의 실패담은 남아있는 우리의 괴로움을 배가시키기도 하지만.

외국인 노동자

주말에 가끔 잔무를 처리하러 회사에 나가보면, 회사 사옥 근처에 피부가 까무잡잡하고 언어가 다른 (아마도 동남아시아 계열인 듯한) 외국인 수십 명이 서로 만나고 있다. 아마도 한국에 거주하는 외국인 노동자들의 정기 모임인 것 같다. 가족 단위의 사람들도 있고, 자신들만의 장터도 열린다. 서로 국적이 달라서인지 어눌한 한국말로 의사소통을 한다. 얼핏 나보다 훨씬 어린 청년들도 보인다. 얼굴에는 타국 생활의 피로가 그대로 남아 있지만 이역만리에서 엮어진 자신들만의 공동체 속에서 모두들 웃음이 떠나질 않는다.

대학을 나온 이후 먹고살기에 바빠 외국인 노동자에 대해 고민해 본 적은 없지만 오늘 저들을 보니 여러 가지 생각이 든다. 대부분 외국인 노동자들이 한국에서 최저임금을 받고 일한다는데. 저 사람들, 공장에서 일하다가 손가락이 잘려도 산재 처리도 못 받는다던데. 그런데 저 사람들은 저렇게 웃고 있구나. 여태 집에서 어머니가 해 주시는 흰 쌀밥을 먹고 출퇴근하는 나로서는, 삶의 무게를 이겨낸 저 맑은 웃음을 흉내내기도 미안하다.

그 사람들이 모여있는 틈에서 자판기 커피를 뽑아 마시고 있는데, 한 외국인 노동자가 내게 와서 어색한 한국말로 말을 건다. '사람들 어디로 간다고 해?' 까무잡잡하고 퀭한, '동남아적인' 내 모습을 보고 자신의 동료로 착각했나보다. '아, 저는 한국 사람이에요' 라고 미안하게 씩 웃었더니, '죄송합니다' 라며 다시 내게 웃어주는 그에게서 느낀 어떤 이상한 친근함. 집에서 자가용타고 출퇴근하며 생계를 해결하는 나와, 이역만리에서 배 타고 들어와 비좁은 기숙사에서 생활하며 멀리 있는 제 가족의 생계를 책임지는 이들. 국적도 다르고 언어도 다르지만, 왠지 이들과 나를 관통하는 직장인으로서의 이상한 동질감 같은 것이 느껴진다. 그것은 내가 '직장인'이 주인공인 외국 영화를 볼 때 느끼는 동질감과도 비슷한 감정이다. 옛 선현의 말씀을 살짝 비틀자면, "직장인에겐 조국이 없다"

분유값

협력 업체의 담당 직원인 K는 업무 관계로 내가 일이 있을 때마다 연락을 하고 협조를 하는 사이다. 나이가 동갑이라 그런지 서로 친분이 깊어졌고, 한번씩 방문할 때마다 같이 담배 한 대 피워 올리며 월급쟁이의 비애를 털어 놓는다. K는 일찍 결혼을 하여 벌써 아이가 있고, '분유값 대기에 바쁜' 자신의 박봉에 대해 불만을 토로하거나, 아직 노총각인 나에게 결혼에 대한 조언을 늘어놓으며 '아버지로 살아가는 인생'에 대해 충고를 한다.

그 협력 업체에 심각한 문제가 생겨, K에게 대표를 만나게 해줄 것을 요청했다. 잠시 망설이던 K는 '어차피 내 선에서 해결 안 되는 문제이니 직접 만나서 잘 얘기해 보라'며 선뜻 자리를 만들어줬다. 나이가 환갑을 넘은 대표를 만나 이러저러한 문제들에 대해 얘기를 하고 우리 회사의 입장을 설명해 주고, 개선이 필요한 부분을 제시하며 자리를 나왔다.

다음날 K에게서 전화가 왔다. 그 업체에 난리가 났나 보다. 새파란 일개 월급쟁이가 회사 대표를 찾아와서 '한 소리' 하고 갔다며 밑의 직원들을 '닦아' 댔다고 한다. 회사 대표의 싸구려 권위 의식에 화가 났지만, 그 보다는 괜히 나 때문에 곤욕을 치뤘을 K에게 연신 사과의 말을 전했다. 그러자 K가 말한다. '아니요. 김대리가 잘못한 거 없어요. 어차피 나한테 얘기해 봐야 해결 안 될 문젠데요 뭐.' K의 말에 고마움과 미안함이 교차하여 나는 어쩔 줄을 모른다. 회사 대표의 권위주의에 대한 강한 혐오감이 밀려드는 한편, 지킬 것이 없어 단순무식한 노총각의 업무 때문에 부디 '아버지 K'의 분유값이 다치지 않았으면 좋겠다는 생각도 간절해진다.

가장

회사 사람들에게 J대리 첫 아이의 돌잔치 초대장이 날아들었다. 하릴없는 노총각 시절의 주말은 대부분 주변의 경조사에 참석하는 스케줄로 채워지는지라 오늘도 습관처럼 돌잔치 장소로 갔다. 조금 늦게 도착했더니 회사 사람들이 미리 자리를 잡고 있었는데 대부분 가족동반이다. 사무실에서 자신의 배우자와 아이들에 대한 얘기는 많이 들었지만 동료들의 식구 가운데 처음 보는 사람들이 많아 연신 신기해하며 식구들을 훔쳐 본다.

평소 조용한 성격이지만 결혼 승낙을 받기 위해 일주일간 장인 어른의 집 앞에서 '천막농성'을 벌였던 무용담을 자주 얘기하던 K과장의 와이프는 정말 그 대책 없는 '천막농성'이 이해될 만큼 아름다운 분이었다. S대리의 사무실 책상 위 사진첩에 있던 두 아이를 실제로 보니 왜 S대리가 그렇게 회사에서 싫은 소리를 들으면서도 묵묵히 견뎌내고 있는지 한 눈에 알 수가 있다. 사무실에서는 항상 어두운 표정에 주눅들어 지내는 H대리는 그의 부인과 아이들 사이에서 웃음을 그칠 줄 모른다. 6월에 결혼하는 D대리는 예비 신부를 데리고 와 은근한 자랑을 늘어놓으며 내 속을 긁기 시작하지만 그것마저도 즐겁다.

회사에서는 다들 무표정하게 풀이 죽어 있던 사람들이지만, 제 가정에서는 저렇게 듬직하고 밝은 가장들이고 아버지들이구나. 가족들과 함께 있는 동료들을 보니, 말 한마디라도 조심하면서 저 자랑스러운 가장들을 존중해야겠다는 생각이 든다.

시스템에 저항중

워낙 술이 약한 체질이지만, 요즘은 이상하게 술이 자꾸 '땡긴다.' 스트레스를 많이 받은 탓도 있겠지만, 요즘 여러 가지 문제가 동시 다발로 몰아닥치며 개인사에 굴곡이 심해지니, 뭔가를 잊고 싶어 하거나, 아니면 잊었던 무엇인가를 기억해 내려 애쓰기 때문인 듯 하기도 하다. 생각해 보니 나는 1년치 술의 80%는 가을에 마셔댔구나.

추석 연휴가 다가와 멀리 있는 친구들과 자주 연락을 하게 된다. 연휴에 '한번 보자'고 약속은 하지만 실제로 볼 수 있을지는 미지수다. 이미 내 나이 언저리의 친구들 중에 더 이상 명절을 오직 자신만의 시간으로 보낼 수 있는 사람은 드물어졌다. 또래의 친구들 중, 가정이 없거나, 빚이 없거나, 종신 보험에 가입하지 않았거나, 명절에 혼자 놀러 다닌다거나 하는 이는 거의 없다. 다들 어엿한 생활인이 되어 있고 '생활인답게' 명절엔 여기저기 쫓아다닌다고 바쁘다. 결혼을 하지 않고 가족관계를 최소화하는 것이, 시스템 안에서 자유로울 수 있는 최후의 저항이라 생각했지만, 이 저항은 가끔 심심하고 쓸쓸하다. 아마도 명절엔 혼자 술 마시거나, 아직 혼자인 친구들을 기필코 찾아내어 두어 명이 술 한잔 할 일이 많을 듯 하다. 올 명절에도 집에 번듯한 여자 친구 한 명 데리고 오지 않을 분위기에 부모님의 원성은 커지지만, 그러나 어머니 아버지, 저는 시스템에 저항중이란 말입니다. 하하.

김대리는 당신 옆에 있다.

김대리 글의 무기는 감동이 아니라 동감이다. 그가 자기 연민 대
마왕이기 때문이다. 김대리는 미운 직장 선배를, 옛 연인을, 주름
진 부모를, 가난한 교통사고 피해자를 연민하기도 하지만, 누구보
다 자기 자신을 강렬히 연민한다. 김대리는 연민하는 자신을 연민
하고, 그 모습에 안위하며 살아간다. 글 읽는 직장인들이 지하철에
서 직딩일기를 오려내는 까닭도 그런 자기 연민이 위안이 되기 때
문이다. 그래, 연민은 자기애의 다른 말이다.

김대리는 당신 옆에 있다. 지하철에서 'J필드 7종 세트' 셔츠를
입고, 우유 자국이 남아있는 입을 벌린채 졸고 있는 맞은편 남자
다. 그는 회사에 갇혀 무좀 투성이인 발가락에 휴지를 끼우며 한숨
쉬고, 세상의 천재들을 질투한다. 억울해도 침묵해야 하는 자신이
가련해 울분을 토해도 다음날이면 멀쩡한 얼굴로 직장에서 뛰어다
니는 그 모습.… 김대리의 재주는 먹고살기 위해 더러워지는 인생
에서 아름다움을 찾아내는 것이다. 바닥까지 자해하다가도 어디선
가 얄팍한 희망을 찾아낸다. 그래야 살아갈 수 있기 때문이다. 청
년의 꿈은 잊혀진 지 오래고, 책 한 줄 못 읽지만 간만에 시네마테
크에서 영화 한 편 보는 것에서 '살아 있음'을 선포한다.

짐승은 자기 연민에 빠지지 않는다. 김대리는 집짐승이다. 소심
대마왕인 그는 지르기보다는 대략 죽이고 산다. 그가 탈주해 버려
자유인이 된다면 김대리가 아니다. 탈주를 꿈꾸다 제자리에 앉아
위무하는 모습마저 당신을 닮았다. 그래서 우리는 또 다른 나인 김
대리를 연민한다.

'그래, 남들도 이렇게 살고 있구나'

최현미 (AM7 〈김대리의 직딩일기〉 담당 기자)

직딩일기는 언제나 기다려지는 글이다 컴퓨터를 켜고, 메일로, 받은 편지함으로 들어가, 원고를 여는 순간, '오늘은 어떤 이야기가 있을까' 하고, 기다려지게 하는 설레임을 준다. 담당기자이기 이전에 한 사람의 독자로서 '오늘은 또 어떤 유쾌하고, 마음 찡하게 하는 이야기가 들어있을까' 궁금해진다. 그리고 직딩일기는 언제나 이런 기대를 저버리지 않는다.

이 같은 기대와 기대를 배반하지 않은 직딩일기의 즐거움은 직딩일기가 김대리님의 일기이면서, 동시에 대한민국에서 월급을 받으며 살아가는 보통의 직장인, 그 모두의 이야기이기 때문이라고 생각한다. 나 역시 아침에 출근하고, 저녁에 퇴근하는 직장인이기에, 직딩일기에 쓰여진 주인공 직딩, 동료 P씨, 선배 K씨, 후배 L씨의 하루하루가 모두 나의 이야기이면서 동시에 지금 내 주변을 오가는 사람들의 모습이다. 그들은 결코 멋지거나 잘나지 않았다. 통 큰 듯 행동하지만 소심하고, 화려한 목표를 향해 거침없이 걸어가기 보다는 지금 내 삶이 옳은가 끊임없이 고민하며, 그렇게 살아간다. 그래서 직딩일기를 읽으면 '그래, 남들도 이렇게 살고 있구나' 라는 안도감을 느끼게 된다.

하지만 소시민 직장인의 모습을 그려, 안도감을 주는 것, 그곳에서 끝나지 않는 것이 직딩일기의 매력이다. 바로 비루함을 반전시키는 유쾌함이다. 이 유쾌함은 작가의 글솜씨 때문이라고 말하고 싶다. 때로는 웃고, 때로는 화내고, 때로는 좌절하고, 그러면서도 자기를 다독이며 살아가는 삶의 현장을 눈앞에서 보듯 생생하게, 또 삶에 대한 유머를 잃지 않는 작가의 글에서 나오는 유쾌함 말이다.

조목조목 댓글을 달고 싶게 만드는 글

주성철 (FILM 2.0 기자)

대학 4년간을 지나 현재에 이르기까지, 비록 몸은 떨어져 있어도 그와는 언제나 두뇌를 나눠 쓰고 있다는 느낌이 들 정도로 교감의 정서기 크다. 그림에도 그의 글을 읽으면 언제나 새롭게 무릎을 탁 치게 된다. 그의 글은 언제나 빠짐없이 조목조목 댓글을 달고 싶게 만드는 글이다.

그와 전혀 다른 직종의 영화기자라는 이름으로 일한지도 어언 8년이 돼 가지만, 그의 글에는 기본적으로 진득한 인간의 향기가 풍기기 때문이다. 연민과 동정을 불러일으킨다고 해서 그 글들이 소위 '찌질한' 것도 아니다. 그저 그의 글은 변화무쌍하다! 자신감에 넘쳐 오버하다가도 급격히 침잠하고, 비루한 비속어와 고결한 시적 언어들이 한데 뒤엉키며, 그만의 독특한 유머감각으로 거침없이 웃기다가도 순간 정색하고 돌아선다. 그의 글 속에서 보이는 그런 급격한 온도 차이는 사실 온갖 사건들이 매일 툭툭 무심히 터지는 우리 삶의 변덕스러움과 매한가지일 것이다. 그래서 그의 글은 언제나 내 삶을 보다 아름답게 재구성하도록 부추긴다.